頭のいい人の段取り

ぱる出版

はじめに

「忙しいのに仕事が進んだ気がしない」「長時間働いている割には達成感がない」と感じることはありませんか。

私たちビジネスパーソン取り巻く環境は目まぐるしく変化しています。

新たなビジネスが次々と生まれ、業務内容はますます複雑化しています。一方で、一人当たりに課せられる労働量は確実に増えながらも、残業することが美徳とされるような時代ではもはやありません。

朝9時から夜の8時まで仕事をしている人が、6時に退社しなければならなくなったとしたら、時間あたりの仕事量は単純に増えることになります。

にもかかわらず、目先の仕事や依頼された仕事をただ順番にこなし、メールが来たらすぐ返信するような行き当たりばったりな仕事のやり方で、従来以上の仕事量をこなすことができるでしょうか。

私たちは今まで以上に、仕事の効率化について、自分で考えながら組み立てていかなければならないのです。

言い換えると、業務をスムーズに進めるために、「段取り力」の向上がより重要だということです。

さて、段取りというと単純に準備計画という意味でとらえがちですが、段取りはすべての仕事に共通する成功キーワードです。

仕事に関連する打ち合わせやノートの取り方一つを取っても、自分にあった成功パターンの段取りを踏むことで、ビジネスを成功に導くことができます。

しかし、注意したい点もあります。段取りをマスターすれば作業の効率化が可能ですが、それ自体が目的ではないということです。

段取りは余計な仕事をカットして、ただラクしようというものではありません。

作業効率化で生まれた時間を、新入社員のコーチングや同僚の手伝い、クライアントとのコミュニケーションなどの「新たな一歩」に活かすためにしましょう。

加えて、時間に余裕をもつことで、仕事にモレやダブりがないかチェックしたり、トラブルが生じたときに素早く対応できたりというメリットも生まれます。

また、ＩＴが主流となり、ますます仕事が人の手からコンピューターに移っていくなか、マルチタスクをこなすという能力以外にも、個人の仕事に対してさらに創造性が求められています。

段取りが上手くいかず、常に仕事に追われている状態では、創造的なアイデアを考える余裕など生まれないでしょう。

このように、段取りは仕事の質、量の両面を向上させる重要なスキルなのです。

以上の考え方を基本に、本書では段取りの計画から実行、さらに整理やノートの取り方やデジタルツールの効果的な活用方法まで8つの章に分けて詳しく解説しています。

頭から順番に読み進めるのはもちろん、今、抱えている仕事の段取りで上手くいかないと感じている項目をつまんで読んで頂いても結構です。

本書を読んで実践して頂くことで、皆さんのワークライフがより充実したものになることを願っています。

頭のいい人の段取り◆もくじ

はじめに　2

第1章【基本編】仕事がすぐやれて、すぐ終わる段取りの基本

すべての業務は「段取り力」で勝負が決まる……16
「段取り」を意識することで仕事の結果が劇的に変わる
「見える化」するだけで驚くほど段取りがはかどる……19
仕事の全体を俯瞰することが段取りの第一歩
定型句のメール返信より重要な仕事を優先する……23
優先順位を間違えないことが段取り上手の条件
誰がやっても完成度が同じタスクこそ手を抜く……27
本当にやるべき仕事はなにか見極める
3M（ムリ・ムダ・ムラ）をなくして仕事をスリム化する……29
仕事を検証してどんどんシンプルにしていく
段取りはゴールから逆算して「短期」で区切る……32
目標を明確にしたうえで仕事を細分化する
ゴールだけでなくスタートラインが業務を加速する……34
意外に盲点になりやすいスケジュールの基本

80%の完成度でもまずは期限を優先する……36
独善的な仕事にならないための方法
トラブルが起こってからの代替案がタイムロスにつながる……38
リスクは予め想定して対策を練っておこう

第2章【準備編】
段取りの良し悪しは周到な準備がすべて

単純作業は定型化、マニュアル化して考える時間を省く……40
考える時間は重要な仕事にまわす
始業前シミュレーションで段取りに磨きをかける……42
通勤時間を利用して一日のスタートをスムーズに
To Doリストは所要時間を必ず添える……44
時間の概念を取り入れてはじめて意味のあるTo Doリストになる
To Doリストには途中でタスクを追加しない……46
やるべきことはTo Doリストにあるタスクだけと考える
目に入るムダな情報を減らし集中できる環境をつくる……49
集中を削ぐ要素は準備段階で取り除いておく
メールの挨拶や署名はテンプレをつくっておく……51
膨大なメールを打つ手間をできるだけ軽減

出張持ち物リストで忘れ物を減らす……53
忘れ物を取りに戻るは時間のロス

第3章【行動編】考えて行動することで遠回りを回避

「大事な仕事」だけを「すぐやる」のが段取りの基本……56
初動が遅い人がすぐ仕事に取り掛かるには
「後回し」を防ぐ8つの対策……59
「なんとなくやる」を排除してメリハリをつける
二等分法をつかって仕事をやりやすくする……63
大きな仕事は細分化して一つずつこなしていく
業務にかかった時間を検証し次回以降に活かす……66
目標時間と実際の所要時間の差を縮めるために
90分一コマで仕事を進める……68
最適な時間で区切って効率化を図る
スケジュールは始業前、昼休憩、終業時と3度見直す……70
こまめなチェックが仕事の正確性を高める
長期的な仕事であればあるほどチェックポイントを設定する……72
仕事のゴールを見失わないための対策

仕事が期限に間に合わないときこそ他人を巻き込む……74
1人でやる期限遅れよりも周囲に相談して期限に間に合わせる
嫌いな仕事と好きな仕事はセットで処理する……76
心理的な負担を軽減する工夫
仕事が難航したら途中で段取りを変えてみる……78
計画をきっちり修正することが質の高い仕事につながる
ルーチンワークはスキマ時間に片付ける……80
時間は徹底的に効率よくつかうという意識が大事

第4章【思考編】成果が大きく変わる仕事の取り組み方

NOと言うことで「忙しいだけ」の仕事を減らす……82
限られた時間のなかで「重要な仕事」を的確に選ぶ
イヤな仕事ほどできるだけ早く片付ける……86
気持ちを安定にするためには早く取り掛かる方がよい
スランプなら簡単な仕事からやってみる……88
コンディションが悪いならできることだけをやる
6つの「他力」を使って仕事をよりスムーズに……90
行き詰まったときこそ「他力本願」

心配事を紙に書き出すことで集中力UP …… 92
時間を奪う心配事は外にだしてしまう
ミスをして落ち込むより成長や改善のヒントにする …… 94
後ろ向きになるよりミスを成長の糧にする
段取り上手な人を見つけたらどんどん真似する …… 96
よい部分はどんどん取り入れ自己流段取り術をつくる
20分の仮眠が思考をフル活動させる …… 98
20分の仮眠は夜間睡眠3時間分の価値がある
退勤前の10分で一日のPDCAを確認する …… 100
1日の反省はその日の終業時に毎日確認する。

第5章 【交渉編】 苦手なコミュニケーションを劇的に変える

報告は必ず結論からシンプルに …… 104
言い訳に聞こえない伝え方
仕事を頼むときは「期限」と「クオリティ」の伝達がキモ …… 106
曖昧な依頼はトラブルの原因
言いにくいことはメールより電話、電話より会う …… 108
自分の気持ちを伝える最善の方法をとる

報告はタイミングと具体性が肝心……110
相手に喜ばれる報告を心がける
決裁が必要な仕事はキーマンの予定を押さえておく……112
たった一つの要因で仕事が止まってしまわないように
指示は6W3Hでもれなく聞く……114
話の聞き方を変えるだけでトラブルは減る
商談や打ち合わせ前のシミュレーションが成功の近道……117
事前準備のない商談に成功はなし
水掛け論を防ぐため合意した情報は証拠を残しておく……119
トラブルが起こっても良好な関係を維持する方法

第6章【ノート編】メモ取り・ノート書きを習慣化させる

メモは「大きく」「大ざっぱ」で記憶力が向上する……122
メモをフル活用するためのポイント
仕事ノートはビジネスの基本……125
ノートを使いこなすことが段取り上手の鍵
ノートには自分の気持ちも書くことで覚えやすくする……128
自分の気持ちを伝える最善の方法をとる

トラブルやミスは必ずメモし同じ轍を踏まない……130
反省点はしっかり記録し忘れないようにする
会話のメモは時系列で書くと覚えやすい……132
話を聞きながらメモをとるときに
ノートは1案件1ページ……134
インデックスをつけて検索しやすいようにする
どこでも書けるリング式ヨコ型方眼ノートを活用……136
場所、時間を問わず自由に書けるものを選ぶ
時間と段取りの管理は手帳で行う……138
段取り上手は手帳を上手く使う
アイデアが思い浮かんだら片っ端から書き出す……141
ビジネスチャンスを逃さないようにする

第7章【整理編】知ってるようで知らない紙ファイルの使い方

大事な書類は控えを取ってから送る……144
書類の紛失リスクを最小限に抑える
裏紙はコピーでなくメモにつかう……146
A4の裏紙はアイデアを書き出すのに最適

書類は30日経ったら捨てる……148
書類は期日どおりにきっぱり捨てる
捨てられない書類はパソコンに収納……150
データ化してデスクスペースを確保する
どこに何があるか、すべてのモノの定位置を決める……152
モノの出し入れに考える時間を奪われない
頻度によって収納場所を決める……155
使うものであればあるほど取り出しやすいように
よく使うものは立てておくことで取り出しやすくする……157
デスクのスペースをとことん有効利用する
金曜日の終業時に不要な書類を廃棄する……159
週明けを清々しい気持ちで迎えるために
MYゴミ箱に捨てる予定のものを集めておく……161
間違って捨ててしまうのが怖い人に
色ペンは役割を設定して最大4色まで……163
ノートをより機能的にするために

第8章【デジタル編】
デジタルツールを駆使して段取り力UP

パソコンのデータ整理は仕事の効率に影響大……166
整理されていないPCは余計仕事に時間がかかる
ショートカット機能を使うだけで2時間短縮できる……169
マウスへ持ち替え不要の便利コマンド
バックアップはこまめにとって大事なデータを守る……172
意外と高いデータ消失のリスク
クラウドを使ってどこでも仕事ができるようにする……174
最先端のクラウドを使いこなして効率化アップ
社内で一目置かれるEXCELの裏技……177
意外と知られていないEXCELの強力時短術①
小技をつかいこなして作業効率UP……180
意外と知られていないEXCELの強力時短術②
ややこしい関数は4つの裏技でクリア……182
意外と知られていないEXCELの強力時短術③
EXCELの計算ミスは「検算式」で完全防止……180
少しの「検算」が大きな損害を防ぐ

デジタルメモは効果的な使い方をマスターしておく …… 186
メリットとデメリットをしっかり把握
デジタルツールでスケジュール管理するときの注意点 …… 188
情報流出にはできるだけの対策を
スピーディーで丁寧なメールの対応 …… 190
メールの対応ひとつで相手に好印象を与える

第１章

【基本編】仕事がすぐやれて、すぐ終わる段取りの基本

01 すべての業務は「段取り力」で勝負が決まる

「段取り」を意識することで仕事の結果が劇的に変わる

「あの人は仕事が早い」「あの人は段取り上手だ」といわれる人がいます。こういった人は他の人となにが違うのでしょうか。またその一方で、いつも忙しそうに見えてあまり評価されていない人も見かけます。

これはズバリ「段取り」の差です。

準備が8割という言葉をよく耳にしますが、仕事に取り掛かる前にどれだけ**適切な計画**を立てるかが、**結果を左右する**ということなのです。

現代のビジネスパーソンは、限られた時間のなかで、その場しのぎでは対応できないような難しい仕事をたくさんこなしていく必要に迫られています。しかも、誰も仕事を教えてくれないのが当たり前のようになってしまいました。

予想外のトラブルに手が止まってしまったり、ミスによるやり直しに時間を費やした結果、忙しい割に評価されないということにならないためにも、「段取り」を意識するようにしましょう。

●新たなことにどんどん挑戦していくための段取り力

ここでぜひ意識しておきたいのは、段取りの最終的な目的は、「仕事の効率化」そのものではないということです。

仕事がはかどり予定していた仕事が全て終わった後、みなさんはどうされるでしょうか。ここで時間を無駄にするのではせっかくの段取りが意味のないものになってしまいます。

本書で触れる「段取り」とは、「新たな仕事を創造する」「自分を創造する」または、「会社とともに成長する」ためのスキルであることを理解して頂きたいと思います。

つまり、「段取り力」の向上で生まれた時間を、新しい仕事や、自分のスキルアップのためにどんどん活用して頂きたいということです。

また、他の人を手伝うことも「段取り」の重要な意義だといえるでしょう。

なぜならそれが評価に反映されるばかりか、会社全体の利益にもつながるからです。

計画から準備、実行まで、段取りにしたがって効率よく仕事を進めていき、さらに新しい仕事に段取りよく取り組んでいくことを繰り返すことで、自分の仕事がどんどん洗練されていくことでしょう。仕事が複雑で忙しいといわれる現代を切り抜けていく上で欠かせないスキルといえます。

●段取り力を身につけることはビジネスライフの充実につながる

「段取り力」を身につけることによって、短期、長期問わずスケジューリングや、仕事のムダを省き取り組みやすくなるなどの実務的要素をはじめ、デスクまわりやＰＣの整理整頓まで仕事全般にわたってコントロール自在になります。

そういった意味ではビジネスライフそのものを充実させることができる重要なスキルといえるでしょう。

本項以降では「段取り」について、さらに一歩踏み込んだ解説をしています。いままでなにげなく仕事をしていていた人は、とくに本書を活用することで、「段取り力」を自分のものにして頂きたいと思います。

02

「見える化」するだけで驚くほど段取りがはかどる

仕事の全体を俯瞰することが段取りの第一歩

毎日、手にあまるほどの仕事を限られた時間でこなしていくためには、いかに段取りよく仕事をしていくのかしっかり計画しておくことが重要です。

第一歩としてまずやらなければならないことは、仕事を「見える化」することです。

段取りが上手な人は、業務の内容をしっかり把握し、決められた優先順位を守ってタスクをこなしていくことができます。

ただ、頭のなかで手持ちのタスクを整理しようとすると、モレやダブりがでてきたり、仕事がどこまで進んでいるのか、またあとどれくらいの仕事が残っているのかわかりにくいためたいへん非効率です。

そこで、まずメモやノートにタスクを全て書き出してみましょう。そうすることで、仕事の全体を俯瞰してみることができます。

その上で一つ一つの業務について優先順位づけをして、時間を見積もり、仕事をテンポよく進めていくことができるのです。

●重要度や緊急度は関係なくとりあえず書き出してみる

仕事を書き出していく段階では、まず重要度や緊急度は考えないでおきましょう。

ここで大事なのはまず全体を俯瞰して仕事を検討、選択していくことですので、とにかく片っ端から抱えているタスクを洗い出すことが重要です。

とくに見落としやすいのがルーティンワークです。

タスクを書き出すというと、重要度や緊急度の高いタスクばかり並べがちですが、「毎日必ず一定の時間を使う」ルーティンワークこそ、実際に書き出して検討してみることで、改善すべき点が多いと気づくことができます。

たとえば、手作業をデジタル化したり、単純作業を他人に振るなどしてどんどん効率化していくことが可能です。

結果、毎日の負担を軽減して、その分、他の重要な仕事に注力する時間を捻出できます。

タスクを書き出す際には当日や一週間先はもちろん、1ヶ月、1年先と長期的な視野でもタスクをとらえるようにしましょう。

たとえば職種が営業の人ならば、今期の売り上げ予算を達成するために必要なタスクを書き出していくのがモチベーションにもつながります。

昇進したい人ならば、そのために必要なステップを全て書き出すことで、目標がグッと身近なものになります。

このように、漠然としている仕事の全体像を「見える化」することで、目標を達成するためにやるべきことがどんどんクリアになり、取り組みやすくなります。

補足ですが、一見、業務に関係ないような会社の飲み会や送歓迎会の手配などのタスクも忘れず書き出しておくようにしましょう。

仕事が忙しくてついうっかりお店の予約を忘れていたという失敗はよくあります。

とくに多数が参加する忘年会は急な予約が難しく、失敗すると一瞬で上司や同僚の信頼を失うことになりかねません。

そうならないためにも、会社に関連するタスクはあますところなく全て書き出すのが鉄則です。

●段取りのキモ「優先順位づけ」

段取りはタスクを全て書き出すだけで終わりでなく、仕事の優先順位づけが適切におこなわれているかどうかも重要です。
優先順位づけが適切におこなわれていないと、あまり重要でない仕事に時間をとってしまい、気がつけばより重要な仕事の締め切りが明日に迫っていたということになりかねません。

とはいえ、最初から適切に優先順位を設定するのは簡単なことではありません。これは段取りを意識しながら業務をこなしていくなかで精度が上がっていくスキルといえます。

詳しくは次項で説明しますが、いままで感覚に頼って仕事をしてきた人はまず、「重要度」「緊急度」を基準として優先順位づけをしてみてください。

書き出しておいた仕事の内容を検討したうえで、「この報告書は明後日の会議に使うので今日中にやってしまおう」「上司に仕事を任されたけど、提出は来月でいいので2週間前までに作成しておけば大丈夫」といった具合に優先度を判断していくことで、劇的に仕事がやりやすくなります。

設定した優先順位は途中で変更せざるを得ないこともありますが、紙かデジタルかを問わず、しっかりメモやノートに書き込んで何度もチェックすることが大事です。そうすることで段取り力がどんどん洗練されていくはずです。

03 定型句のメール返信より重要な仕事を優先する

優先順位を間違えないことが段取り上手の条件

仕事の優先順位が段取りの最重要事項であることは前項で触れましたが、そもそもなぜ仕事に優先順位をつける必要があるのでしょうか。

当たり前ですが仕事は均質なものではありません。そうであればただ思いついた順番にやっていっても問題はないはずです。

しかし実際、仕事は無計画に進めるとミスや期限遅れを連発するだけでなく、ムダな残業が増えるというものでしょう。

そこでポイントとなるのが、仕事を「重要度」と「緊急度」という2つの軸で捉えるということです。

言い換えると、仕事の優先順位を決めるということは、その仕事がどれだけ大事か、またば緊急かという2つの基準を軸にして適切に順序立てていく作業ということになります。

ただ、どういった仕事が「重要」で「緊急」なのかをただちに区別するのは困難です。

例えば上司から急ぎでやってほしいと依頼された仕事と、顧客に商品の納期確認メールに対する返信とではどちらが重要であるいは緊急でしょうか。

「緊急度」関していえば、上司の依頼は何よりも先に手をつけるべきだという人もいれば、大事な顧客の依頼は最優先事項だという人もいるでしょう。重要度に関しても同じように捉え方は人それぞれです。

しかしここで注意してほしいのは、依頼者が誰かということよりも**仕事の内容に照らし合わせて、「重要」か「緊急」かを判断してほしい**ということです。

依頼者が上司であれ、クライアントであれたいして重要でない仕事は存在します。そこで冷静に判断できないと全ての仕事を引き受けなくてはならなくなり、混乱することは必至です。

こういった場合には、書き出したタスクを次に紹介する4つの分類にわけてみることで、優先順位がつけやすくなると思いますので、実際にあてはめてみてください。

●仕事を4つの分類にわけてみる

①緊急度が高く、重要度も高い仕事。

↓クライアントから納品した商品について欠陥があるとのクレームが入った。至急交換してほしいとの要請に対して、原因を解明した上で、異常のない商品を納品しなければならない。このように結果がもたらす影響が大きく、迅速に対応しなければならない仕事など。

②**緊急度は低いが、重要度が高い仕事。**
↓人材育成のためコーチングスタッフに任命された。人材育成は長期的視野に立った課題なので緊急ではないが、内容自体は重要。

③**緊急度は高いが、重要度は低い仕事。**
↓上司からコピーを頼まれるなど、依頼者は急いでいるが内容はあまり重要でない仕事。

④**緊急度も重要度も低い仕事。**
↓デスクやPCなどの整理やレイアウト変更など、いつやっても問題のない仕事

以上の4項目を分類基準としてマトリックス図をつくっていきます。

「緊急度」と「重要度」4つのマトリックス

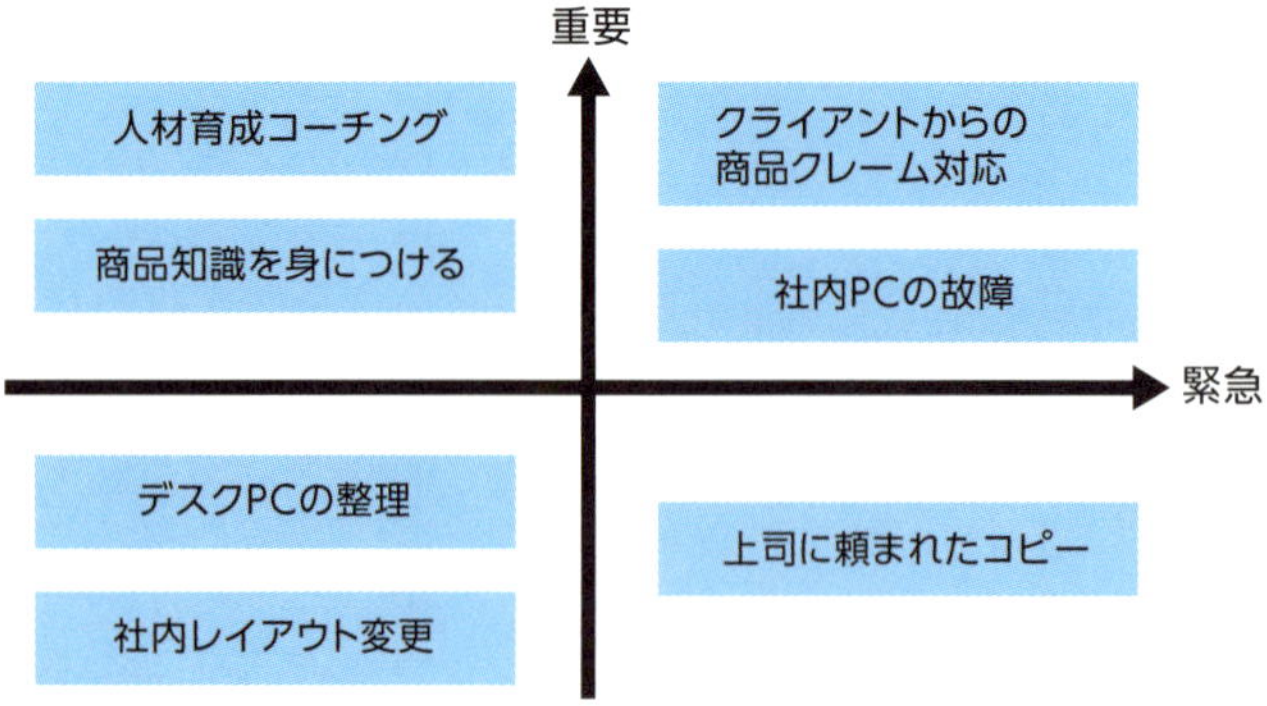

まず、縦軸を「重要度」、横軸を「緊急度」として、上記のような図を作ってみてください。

つぎに手持ちのタスクを先ほど紹介した4つの分類にあてはめながら書き込んでいきます。

そうすると、どの仕事から手をつけるべきなのか分かりやすくなります。

あとは優先順位をつけて順番に取り組んでいけばいいのです。

いかがでしょうか。このように仕事のシチュエーションに応じて適切に分類することで優先順位がつけやすくなるはずです。

迷ったときには必ず仕事の内容から考え、4つのマトリックスを参考にしてください。

04 誰がやっても完成度が同じタスクこそ手を抜く

本当にやるべき仕事はなにか見極める

一日を振り返ってみて、何故か計画どおりに仕事が進まなかったなと思うことはないでしょうか。

その理由はいたってシンプルで、上司から仕事の依頼があったりと、新しい仕事が次々と増えていくことによります。そうして立てておいた優先順位がうやむやになってしまうために、肝心な仕事は進まないというわけです。

こういった場合に少し冷静に考えたいのは、自分にとって仕事の目的が単純に量をこなすことなのか、それとも質や成果を追求するのかということです。

頼まれた仕事を全て引き受けるのは確かに周囲からの感謝や評判につながるといったプラス要素もあります。しかしその反面、残業などムダな時間を仕事に費やさなければならないというマイナス要素の方が多いように思います。

言うまでも無いことですが、仕事の成果や質を追求することは自分のキャリアを長期的な視点で捉えた場合、仕事の量を単純にこなすことより重要です。

したがって、人から仕事を依頼されたときは、**既存の仕事に影響がないかよく考えてから引き受ける**ようにしましょう。とくに、誰がやっても同じ結果、完成度の仕事は重要でない場合がほとんどです。この場合は他の人に振るなどして、自分の重要な仕事に専念するのがよいでしょう。

また、前項では4つのマトリックスを使った仕事の優先順位づけを紹介しましたが、「重要度」も「緊急度」も低い仕事はできるだけスキマ時間に片付けるようにしましょう。

上司からコピーなどの軽作業を依頼された場合、他にすべき仕事があるときは、その内容を説明し、10分後であれば引き受けることができるなど、具体的な説明をしましょう。

なんでもかんでも引き受けたり、適当に断わるのだけは避けるようにしましょう。

そうすることで、自分を見失うことなく着実に仕事の成果を積み重ねていくことができるでしょう。他の仕事を引き受けるのは、優先順位どおり段取りよく仕事を進めた結果、時間が浮いてからでも遅くはありません。

05 3M（ムリ・ムダ・ムラ）をなくして仕事をスリム化する

仕事を検証してどんどんシンプルにしていく

人は選択肢が少なければ少ないほど仕事に集中できるといわれています。実際に複雑な仕事が絡み合ってどこから手をつけたらいいかわからないという人は多いのではないでしょうか。

仕事の混乱を避けるためにはいわゆる3M（ムリ・ムダ・ムラ）をなくして、できるだけ仕事をスリム化していく必要があります。

そうすると、困難に思えた仕事が案外簡単に見えて取りかかりやすくなります。また、何かを探したり、ミスの後処理をするというようなムダな時間も省くことができるのです。

●3Mの特徴をおさえて自分をみつめる

まず最初の「ムリ」ですが、納期設定の「ムリ」や、営業目標設定の「ムリ」など、後でしわ寄せがくるケースが挙げられます。

これら「ムリ」の問題はどうしてもその仕事を優先せざるをえず、他の仕事がおざなりになるばかりか、「ムリ」によって自分に余計な負荷をかけているため、仕事の質も低くなる傾向があります。

次に3Mのなかでも特に多く見受けられる「ムダ」ですが、例えばデスクが混沌としていて、目当ての書類を探す時間の「ムダ」や、PC内のファイルを探すという「ムダ」など様々です。

これでは集中力が削がれるばかりか、時間を浪費するだけです。こういった「ムダ」を減らすためには仕事に取り掛かる前に整理を徹底することです。

最後に「ムラ」ですが、スケジュールの立て方が甘いため、最後の方で急いで締め切りに間に合わせようとするといったケースが挙げられます。これも結果的に仕事の質が落ちることにつながりますので、仕事の優先順位をしっかり立て、最初から最後まで仕事の質を均一にすることが重要です。

3Mは段取りの最大の敵です。計画の段階でできるだけ3Mを減らすように心がけてください。そうすればきっと後の仕事運びが楽になるでしょう。

3M(ムリ・ムラ・ムダ)の代表例

ムリ	・短すぎる商品納期 ・高すぎる営業予算
ムラ	・仕事の成果が均一でない ・毎月の売上差が大きい ・忙しい時とヒマな時期の差が大きい
ムダ	・書類などの捜し物 ・ミスによるやり直し ・他の人と仕事がカブる

✓ POINT

仕事の目標をゴールに例えるならば、
3Mを減らすことは、その近道につながる。
ムリ・ムダ・ムラがないか予め確認して
最短時間で仕事を進めていこう

06 段取りはゴールから逆算して「短期」で区切る

目標を明確にしたうえで仕事を細分化する

仕事には明確なゴールがないとスピードもクオリティも向上しません。

ゴールを設定し、スケジュールを「短期」で区切ると、目標に向かってやるべきことを俯瞰して見ることができるようになります。

これはスケジュールの管理はもちろん、**着実に仕事をこなしているという実感を得やすい**ので、モチベーションが高まり非常に効率的です。

ゴールの設定についてはスマホなどのデジタル機器、手帳どちらでもよいですが、必ず常に確認できるものに書き出すようにしましょう。

そして、プロジェクト別にゴールまでのタスクをできる限り細かく、そして所要時間も忘れず書き込みます。

また、忘れずやっておきたいのは完了したら毎日、ペンでタスクを1つずつ消していくことです。理由は、完了したという達成感を得ることができ、やる気が生まれやすいからです。

●旅程表のようにスケジュールを立ててみる

本書を読んでさっそく、仕事の計画を立ててみようという人はまず、簡単な仕事から始めてみてください。

ゴールを設定して着実に仕事を進めることに慣れてくると、大きなプロジェクトにも応用が利くようになります。

要領は旅行に行くときの旅程表をつくるようなものと考えてみてください。

旅行会社のツアーによる旅程表は、出発から目的地のホテルにチェックインするまでの行動を時間別に細かく記載しています。参加者はそれを確認することで、何時に何をして、いつ目的地に着くといったスケジュールの詳細をつかむことができるのです。

仕事においても全く同じことで、ゴールを目的地と捉えてたどり着くまでの道程をタスクと考えれば意外と簡単にスケジュールを立てることができるのではないかと思います。ぜひゴールから逆算して仕事を進めることを意識してみてください。だんだんと段取りの精度が高まることを実感できるはずです。

07
ゴールだけでなくスタートラインが業務を加速する
意外に盲点になりやすいスケジュールの基本

仕事のゴールを決めるというのは多くのビジネス関連書にもあるように、もはや常套句となっていますが、ゴールを設定しているにもかかわらず、仕事が期限ギリギリになってしまうことがあるのはなぜでしょうか。

これはとくに、仕事を後回しにする人に多い特徴で、ゴールは決めていても、「いつ始めるのか」を決めていないのが原因です。

まだ大丈夫と繰り返しているうちに、いつのまにか期限が目前に迫ってしまい、慌てて手をつけるので、どうしても仕事が粗くなりミスが目立つということになってしまいます。

これは前項の3Mに関連する話ですが、質の高い仕事をするためにはいつその仕事を始めるのか日時まできっちり決めておきましょう。

さらに、**その日時がくれば必ずスタートさせる**ということが肝心です。

●グループワークこそスタートラインを明確に

スタートラインを決めないことの弊害はグループで取り組むプロジェクトにおける意思決定にも影響を与えます。

打ち合わせであれこれ目標を決めるものの一向に進まない。次の打ち合わせでも、また同じ内容の議題になり、実務がなかなか手につかないといったようなプロジェクト全体の停滞を招きます。

この場合もやはり、プロジェクト内でタスクを細分化したうえで、いつ始めるのかというスタートラインをメンバーの間で共有しなければなりません。

しっかりスタートラインを設定しておくと、打ち合わせのなかで浮かび上がってきた問題に対し余裕をもって取り組むことができます。

また、目標に対して着実に進んでいるのが実感できるので、メンバーの士気も上がるといったメリットも期待できるでしょう

ゴールを決めるのは案外簡単なものですが、いつ始めるのかをしっかり決めておくことが、効率性と仕事の質を高める基本であることを理解してください。

08 80％の完成度でもまずは期限を優先する

独善的な仕事にならないための方法

仕事をしていると、**締め切り**と**完成度**のジレンマに陥ることがよくあります。

これは100％の仕事を締め切りまでにきっちりこなすのが当たり前だという意識によるものです。

こういった場合、ほとんどの人が中途半端な仕事に後ろめたさを感じるため、あれこれと期限を引き延ばし最後までやってしまおうとするのではないでしょうか。

しかし、信頼を基礎とするビジネスの世界において、**期限を延ばすことはあまりよいとは言えません**。約束を守らない人、時間にルーズな人というような印象がついてしまうからです。

●完成度の見極めで効率よい仕事運びを心がける

では、どうすればいいかというと、その仕事が50％でよいのか、100％の完成度が求められるのかを最初に判断して取り掛かるということです。

たとえば、社内プレゼンなどで資料の形式を問わないにも関わらず、パワーポイントなどで資料の作成に細部までこだわる人がいます。

本人からするとそうしてはじめて100％だと言えるのかもしれませんが、仕事の受け手からすれば、それがエクセルの資料であろうが、パワーポイントの資料であろうが。見やすく内容が伝われば形式は重要ではありません。

反対に、重要な取引先に対してのプレゼンで、データを見やすくするようなグラフもなにもない手抜きの資料を出したのであれば、結果がどうなるかは言うまでもありません。

つまり、シチュエーションや相手に合わせた完成度を予め見積もっておくことが、効率のよい仕事につながるということです。

全ての仕事を100％の完成度で期限内に完成させるのは至難の業です。80％であろうが結果に影響がなければ納期を守ることを優先させましょう。

もちろん重要度の見積もりを間違えないようにするため、依頼された仕事であればしっかりコミュニケーションを取って内容を把握しておくことも大切です。

09

トラブルが起こってからの代替案がタイムロスにつながる

リスクは予め想定して対策を練っておこう

仕事の計画を立てるときにもう一つ注意しておきたいのは、リスクは起こるということを常に意識しておくということです。

「よくない結果を想像したくない」、「問題が起きるはずがない」とタカをくくる人はいるでしょう。

しかし、起こったトラブルに対してどううまく対処できるかを重要視している顧客や上司も少なくありません。

また、トラブルが起きるとたいていの場合緊急の対応を迫られます。にもかかわらずトラブルが起こってから代替案を考えているようでは、対応が遅れ、問題がより大きくなる可能性が高くなります。

リスクにしっかり向き合い、代替案をできれば3つ以上用意しておくと、スピーディーな対応が可能になり、顧客や周囲からも感謝される仕事ができるようになるでしょう。

第2章

【準備編】段取りの良し悪しは周到な準備がすべて

01 単純作業は定型化、マニュアル化して考える時間を省く

考える時間は重要な仕事にまわす

仕事の効率化を考える前に、簡単な仕事と難しい仕事の区別についてまず考えてみましょう。

それは「考える必要があるかどうか」だということができます。

たとえば、伝票のチェックのような作業や、ルーティンワークは「簡単な仕事」の部類です。反対に、考えて答えを導かなければならないような仕事はやりがいがありますが、それだけ時間がかかります。

以上を踏まえながら、仕事を定型化、マニュアル化してはどうでしょうか。考える手間がなくなる分仕事がはかどるはずです。

また、長い期間仕事をしていれば、同じような種類の仕事が案外多いことに気づくと思います。

代表的な例がトラブルの対応です。

同じ製品を扱っているとクレームのパターンが似ていることが分かるでしょう。

こういったケースでは、対応の方法をケース別にある程度マニュアル化しておくと、スピーディーに対応でき、クライアント受けもよいはずです。

また、対応の方法を共有できるというのも利点です。

●一日のスケジュールもできるだけルーティン化する

仕事そのものを定型化するだけでなく、出社から退社までのスケジュールをできるだけ定型化するのも非常に効率的です。

野球選手は、毎日素振りやランニングなど練習のメニューを必ず決めてから、忠実にこなしていきます。

それを繰り返すことでバッティングやピッチングのフォームが固定化され、試合でも考える前に身体が自然に反応するようになるのです。

朝、会社に着いて、始業前にメールや、一日のタスクをチェックしたり、前章で紹介した優先順位づけをするという流れをルーティンにするのです。

こうすると毎日の仕事の取り組み方にムラがなくなるうえ、仕事がスムーズにはかどるようになります。

02

始業前シミュレーションで段取りに磨きをかける

通勤時間を利用して一日のスタートをスムーズに

始業時間とともに仕事へスムーズに取り掛かるようにするためには、運動前にウォーミングアップをするように、その日やるべきことを始業時間までにシミュレーションしておくことがポイントです。

まず、あらかじめ前日の退社直前に、その日やり残したことや、明日やるべきことなどを洗い出しておきます。

一見で次の日のタスクを把握するためには、ＴｏＤｏリストを作成しておくと便利です。ＴｏＤｏリストの具体的な作成方法については、本章の以降のページで紹介しますが、前日の退勤直前からその日の始業時間までに、ＴｏＤｏリストをを確認しながら一日の流れをイメージしておくことで、段取りのムダやモレを省くことができるのです。

また、気持ちを仕事モードへ素早く切り替えることができます。

●通勤時間を有効に活用する

本を読んだりスマホでゲームをしたりと通勤時間の使い方は人によってさまざまですが、この時間を活用して始業前シミュレーションをしておくことは有効です。

電車やバスなどで、前日に手帳やスマホのメモアプリ等に作成しておいたＴｏ Ｄｏリストを確認します。

ここでの確認とは、作成しておいたＴｏ Ｄｏリストにモレやダブり、ムダがないか再度確認するということです。

また、仕事が始まってからタスクを追加するのは段取りが狂う原因ですので、新たに気づいたことがあればこの間にメモしておきましょう。

ポイントは、始業してからタスクのモレなどが見つかって混乱しないように、事前にしっかり準備しておくことです。

明日からでもすぐに試すことができるスキルですので、さっそく実践してみましょう。

03

Ｔｏ Ｄｏリストは所要時間を必ず添える

時間の概念を取り入れてはじめて意味のあるＴｏ Ｄｏリストになる

Ｔｏ Ｄｏリストというと、大概はタスクが箇条書きのように並び、それぞれにチェックボックスがついているといったものが浮かびます。

実際このようなＴｏ Ｄｏリストを仕事に活用している人も多いと思いますが、果たして一番効率的なものかというと少し疑問です。

確かに、タスクにモレがないようにするという点では機能的といえるのですが、仕事にはかならず取り組むべき順序があり、流れのようなものが存在するため、ベストなＴｏ Ｄｏリストとはいえません。

Ｔｏ Ｄｏリストがただのメモのようにならないためにやっておきたいのは、必ずタスクごとに所要時間を記入しておくということです。

所要時間は大体でよいので、必ず書き込んでください。

もちろんそのタスクが終わったあと、どのくらい時間がかかったのか記入するのも忘れないようにしましょう。次に同じようなタスクに取り掛かるときに時間が見積もりやすくなります。

●余裕をもたせたTo Doリストにする

To Doリストに書き込むタスクについては、必ずその日の定時までに終わらせることを前提としてください。

たとえば、9時始業、18時退社の場合、1時間の昼休憩を除くと、実質の稼働時間は8時間となります。

つまり、時間を見積もったタスクの合計がこの8時間を超えないようにするということです。

そうしなければ、残業することがつい癖になったり、翌日に仕事を持ち込むことがあたりまえになるため、時間を管理するという意味そのものがなくなってしまいます。

決められたタスクをその日のうちに必ずこなすという強い意識をもつことで、業務の処理速度がスピーディーになります。タスクの所要時間を書き込むときに自分の仕事が早くなっていることに気がつくと思います。

04

ToDoリストには途中でタスクを追加しない

やるべきことはToDoリストにあるタスクだけと考える

前項ではToDoリストに所要時間を書くことの重要性について説明しましたが、もう一つ注意しておきたいことがあります。

それは、仕事を開始して以降、ToDoストにそれ以上新たなタスクを追加しないということです。

ToDoリストとはその日のうちに必ずやるというタスクを、定時に仕事が終わることを前提に、時間を見積もって書き込むものであるということでした。

ところが、当日に新しい仕事をToDoリストに追加してしまうと、所要時間の見積りや、優先順位づけも意味のないものになり、ToDoリスト自体がただの防備録となってしまいます。

意味のないToDoリストは作成そのものがただの仕事になってしまいます。

原則として、タスクの追加は避けましょう。

所要時間は「予想」と「結果」を記録する

11/22（月）

	〈予想所要時間〉	〈実際所要時間〉
【AM】		
報告書作成	1h	1h
商談資料作成	1h	1.5h
出張準備	0.5h	0.5h
【PM】		
商談	1h	1.5h
伝票処理	0.5h	0.5h
サンプル作成	1h	
新入社員コーチング資料作成	2h	2.5h

定時までに全てのタスクを
完了させることを前提に
時間を見積もる

●新しいタスクはできるだけ次の日に

とはいえ、その日のうちに急に新しい仕事が入ってくることはよくあることです。その対応策としては、まず新しい仕事がその日のうちにやらなければならないのかを考えてください。

この場合、1章で紹介した、4つの優先順位づけの分類法を応用してみるとよいと思います。

緊急性がなければ、次の日のTo Doリストに入れるタスクとして処理しましょう。どうしても当日にやらなければならない場合も、やはり他のタスクとの時間配分を考慮しながら、優先順位づけをしてください。

「重要性」があまりない仕事については、スキマ時間を有効につかって片付けるようにするのがベストです。

あくまでもその日のTo Doリストに書かれているタスクを忠実にこなすという意識を強く持つことが、段取りよく仕事を進めるポイントです。

05 目に入るムダな情報を減らし集中できる環境をつくる

集中を削ぐ要素は準備段階で取り除いておく

仕事に取り掛かる際の大事な姿勢は、一度始めると徹底的に集中するということです。そのためには準備の段階で、集中力を阻害するような要因をできるだけ省いておきましょう。

人は目に見える情報の量が多ければ多いほど、集中が削がれるという性質をもっています。

デスクの上が乱雑な人に、集中力がない人が多いといわれているのはこのためです。

そこで、まずはデスクの整理からはじめてください。

できればスマホなどはマナーモードにしておき、引き出しの中に入れておくことで、着信があったときだけ取り出すようにしておきましょう。

固定電話、メモ、一本のペン、そしてPCさえあれば仕事は十分にできるのです。

デスク周りに化粧品や、写真などを置くのも集中を妨げる要因です。

ムダはできるだけ削ぎ落とすことが集中力アップにつながるのです。

●デスク以外の場所が集中できる場合もある

いままではデスクの整理について述べましたが、仕事の内容によってはデスク以外の場所がより集中できるケースもあります。

あくまでも会社の就業規則を守ることが前提ですが、効率的に仕事ができるというのであれば、デスク以外の場所で仕事に取り組むのも一つです。

また、人は静かすぎる環境ではかえって集中しにくいとか、天井の低い部屋は集中しやすいといった説もあります。

たとえば、オフィスが静かすぎて息が詰まるという人は、可能であればカフェなどの集中できる別のスペースに移動してみてもいいかもしれません。

集中力散漫で、計画通りにタスクが実行できなかったというようなことがないように、とにかく集中できる環境づくりを心がけてください。

06 メールの挨拶や署名はテンプレをつくっておく

膨大なメールを打つ手間をできるだけ軽減

「いつもお世話になっております」等の文言からはじまる挨拶文や署名を、その都度入力していないでしょうか。

一日あたりのメールの送信数は、人によってまちまちですが、とくに忙しい人であれば、一日に50件や100件以上送信するなんてこともあるでしょう。

たかだか10文字～15文字程度の挨拶文でも、100件以上のメールに一つ一つ入力していると、400字詰め原稿用紙で3枚～4枚分のメールを作成することになります。

このように考えると、なにげなく入力する挨拶文、署名というのはいかに時間のロスであるのか実感できます。

メール作成の時短には、あらかじめテンプレートを作成しておくことをおすすめします。

メールのビュワーには必ずテンプレートが作成できるようになっており、挨拶文は定型

メールの署名、テンプレ例（Outlook）

定型文の作成方法

新規メール作成画面で定型文にする文章を打つかコピペする ▶ 登録したい定型文をドラッグする ▶ 「挿入」タブ「クイックパーツ」→「選択〜保存」を選択→「OK」 ▶ 登録後は「挿入」タブ「クイックパーツ」からの選択で使用可能

署名の作成方法

「ファイル」→「オプション」→「メール」で「署名」タブへ ▶ 「新規作成」で署名の名前をつける ▶ 登録したい署名を打ち、文字の大きさ等を編集 ▶ 「OK」を選択

※メッセージをテキスト形式にしていると、書式設定ができない
書式設定を反映させるときは、HTML形式にしておく

文として登録しておくことで、メール作成画面で呼びだすことで、自動入力されます。

定型化できそうな文章はどんどん登録しておくと便利です。

また、署名についても同様で、氏名、会社名、所在地、電話番号、メールアドレス等をひな形として登録としておけば、メール作成時に末尾に署名が自動挿入されます。

この作業だけでメール作成が劇的に楽になりますので、必ず登録しておきましょう。

07 出張持ち物リストで忘れ物を減らす

忘れ物を取りに戻るは時間のロス

出張時の期間が長期になればなるほどダメージは大きく、周囲に迷惑もかかります。出張先でなにもできなかったという最悪のケースも考えられます。

こういった忘れ物トラブルを避けるためには、持ち物リストをあらかじめ作成しておきます。

作成にはPCやスマホなど会社のコピー機でプリントできるデジタルツールを使用しましょう。

たとえばEXCELなどのソフトでリストを作成しておき、出張の準備をするたびにそれをプリントアウトして活用すると便利です。

日帰りと泊まりでは持っていく物が違ってくるので、一枚分のリストには日帰り、泊まりとそれぞれの項目欄を設けおくのが望ましいでしょう。

あとは出張前日にリストを見ながら、持参する物を一つずつチェックして消していくだけで、忘れ物をする心配がなくなるはずです。

●あらかじめポーチなどに持ち物をセットしておく

とくに、名刺や携帯の充電器など必ず持って行くものは、中身が見える透明のポーチなどに入れておくのも有効です。

それをまるごと普段は決まった引き出しの中に入れておき、出張に出発するときに取り出してカバンに入れるだけでよいので、何を持って行けばいいかチェックする手間と時間が省けます。

また、この収納法の応用テクニックとして、会議用、商談用などの項目ごとに持ち物をあらかじめセットしておくことも、時短につながるばかりか、忘れ物防止にもなり効果的です。

第3章

【行動編】考えて行動することで遠回りを回避

01 「大事な仕事」だけを「すぐやる」のが段取りの基本

初動が遅い人がすぐ仕事に取り掛かるには

時間にたっぷり余裕があったのに、仕事をを後回ししたことで、気がつけば期限が目前に迫っていたという経験をした人は多いでしょう。

「後回し」はまさに段取りの敵といえます。

一方で、「仕事の速い人」というのは、ブラインドタッチや、動きの一つ一つが速いといった表面的なことではなく、仕事に取り掛かる初動が早いのです。

初動が早いと、どんどん仕事を前倒ししてこなしていくことができます。

そうすることで、仕事に追われることなく、時間をコントロールしながら成果をあげることができます。

これがまさに段取り上手ということです。

そして、人は余った時間を自己啓発やスキルアップに費やすことで、さらに「仕事のできる人」になっていくのです。

●「後回し」は考え方一つで克服する

では、すぐやることがよいと分かっていながら、人はなぜ仕事を後回しにしてしまうのでしょうか。

理由はさまざまですが、代表的な原因の一つに、その仕事を必要以上に困難なものに感じてしまうということがあります。

いざとりかかろうと考えたときに、なんとなくの印象で、目の前の仕事がとても手のつけられないような大きいものに思えてしまうのです。

すると、ほかの仕事をやっている間になにかよい方法が浮かぶに違いないなどと、自分に言い訳をして、「後回し」することになってしまいます。

また、「完璧」にこだわりすぎるということもあります。

最高の結果をださなければならないという、いわば「完璧な仕事」を期するあまり、取り掛かる前からあれこれ考えすぎて思考停止に陥ります。

これらに共通する対策としては、あまり深く考えず、とりあえずやってみることです。

単純な話ですが、そのときに考えても出ない答えは、いつになっても出ないものです。

したがって、途中で軌道修正しながら目標にむかって進めていく方法をとるほうが、仕事をはやく進めることができ、仮に誤りやミスを発見したとしても、初動が早いだけに、余裕をもって対応できるというメリットもあります。

●まず、迷わず「大事な仕事」から取り掛かる

いろんな仕事をあれこれちょっとずつ手をつけては、ほったらかしにするというのも、「後回し」をする人の特徴ですが、そんな時は優先順位のなかでも「重要度」の一番高い仕事からすぐに取り掛かるようにしましょう。

「重要度」の高い仕事ほど早く取り掛かることがよい結果を出すためのポイントです。なぜなら、難易度が高いぶん考えたり、チェックしたりといった時間が必要だからです。期限が迫って焦ることのないように、少しずつでもまず進めてみることが大切です。

次項では、さらに一歩踏み込んだ、「後回し」に有効な対策を紹介したいとおもいます。

02

「後回し」を防ぐ8つの対策

「なんとなくやる」を排除してメリハリをつける

前項では「後回し」による弊害と、大まかな対策について触れましたが、さらに少しの工夫で「後回し」を克服できる方法があります。

つぎに紹介する8つの方法から、自分にあった仕事の進め方を検討してみてください。

●「後回し」対策も事前の準備で解決

①自分の仕事を採点してみる。

人はゴールに対して目に見える指標があると、より着実に進めていくことができます。

終業時にその日のTo Doリストを目の前にして、計画どおりできたらプラス1点、できなかったらマイナス1点とタスクを採点していきます。

合計が決めておいた目標点数に届いた場合、欲しかったものを買うなど、自分にご褒美を与えてください。目的を達成したことに報酬を与えることで、抵抗なく仕事に取り組めるようになるでしょう。

②いくら忙しくてもランチは抜かない。

よく昼食を抜きにして仕事をする人がいます。

そうすることで、仕事が早く片付くと考えがちですが、集中力がだんだん低下していく原因になりかえって非効率です。

集中力が低下すればするほど新しい仕事、困難な仕事に取り組む意欲が減退することになりますので、決めた時間の範囲で、しっかり食事を取ってしっかり休むようにしましょう。

③仕事の終了時間を設定し、厳守する。

仕事にポジティブなイメージがないと、取り組もうとする意欲が湧かず、後回しの原因になります。

終了時間を設定し厳守することで、「仕事に終わりはない」というネガティブなイメージを取り除くのです。

④計画的に休憩を取る。

休憩は不定期ではなく、いつからいつまで、どのくらいとるのかを決めておきます。

そうすることで、あとどのくらい頑張ったら休むことができるという明確な意識が生まれます。これもほかの項目と同様に仕事がつらいものというネガティブなイメージを取り除くことに狙いがあります。

⑤短期集中型で取り組んでみる。

以降の項でより詳しく説明しますが、長時間の仕事はとくに、合間に短い休憩を入れることで、時間を細かく区切るようにしましょう。

1時間仕事しなければならないと考えればたいそうな感じがしますが、15分ごとに休憩できると考えれば、やってみようという気になるはずです。

⑥コンディションを整える。

仕事に前向きな姿勢で取り組むためには、心身ともに健康な状態でいなければなりません。毎日疲れ切っていては意欲も減退して、「面倒臭そうだから後にしよう」ということになってしまいます。

⑦きりのいいところで終えようとしない。

「今いいところだからきりのいいところまでやってしまおう」とついついメリハリのない仕事になりがちですが、時間がきたら途中であってもそこで手をとめましょう。きりよく仕事を終わらせてしまうと、続きに取り掛かるときに、また新しい仕事に取りかからなければならないと感じてしまうのです。仕事をあえて残すことで、自分に「残りを早く終わらせたい」という意欲をもたせるようにしましょう。

⑧仕事を本来の目的からずらして考えてみる。

これはいわば自分をだますという方法です。たとえば、「分析表を作成して上司に提出する」という仕事について、「PCを開いて、資料を確認するだけだ」とわざと簡単な要素に目を向けて仕事に取り掛かりやすくさせるのです。

以上、8つの「後回し」対策とは、いわばスムーズに仕事モードに入ることができる方法です。なかなか仕事に取り掛かる気持ちになれないと感じたら、ぜひ試してみてください。

03 二等分法をつかって仕事をやりやすくする

大きな仕事は細分化して一つずつこなしていく

困難な仕事を目の前にすると圧倒され、どうやって手をつけてよいか分からなくなる人は多いのではないでしょうか。

こういった場合、大きな仕事や困難な仕事は、「二等分法」を用いて、これ以上割り切れないというところまで細分化すると、取り組みやすくなるばかりか、時短にもつながります。

たとえば、「化粧品市場の報告書作成」という仕事があった場合、「化粧品の市場調査」と「報告書作成」の2つに大きく分けることができます。それを同じ手順で2つに分けるということを繰り返していくのです。そうして細分化された小さなひとかたまりの仕事をひとつずつこなしていけばいいわけです。

●仕事を細分化するだけで得られるメリット

この方法は仕事の要素を一つ一つ分解することで、理解度が増すばかりか、タスクが細

二等文法を使った仕事の細分化

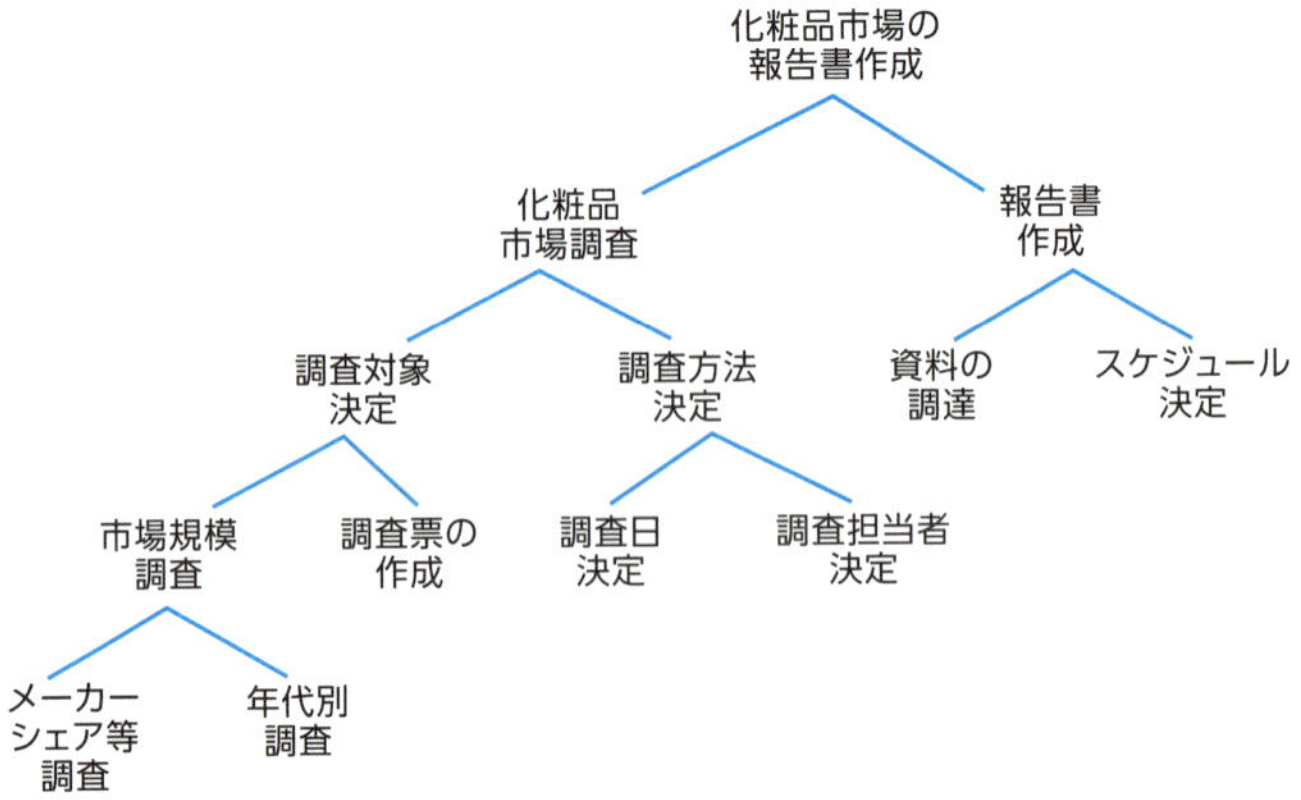

かくなるので、スケジュールが立てやすいといった利点もあります。

また、どこまで進んで、あとどれだけ残っているのかといった進捗を把握しやすいので、ミスのチェックもやりやすいといえるでしょう。

とくに、長期の仕事はモチベーションの維持が難しいのですが、細かくすることで解決できます。

一つずつがこなしやすくなり、短いスパンで達成感が得られるからです。

仕事のゴールに着実に向かっていくためには非常に効率的な方法です。

●分割は一つ一つのタスクに抵抗なく着手できるまで

「二等分法」で押さえておきたいポイントは、これ以上分けることができないというところまでタスクを書き終えたら、一番下に来るタスクから順に先にやっていくということです。

仮に、一番下に来るタスクを「第一段階のタスク」と呼びます。

それが完了したら線で消して、その上の第二段階、第三段階と順番にこなしていくのです。

また、分割はあくまでも自分の基準で実行して問題ありません。

自分のなかで抵抗感が問題にならなくなるまで分割を続けてください。

パズルを組み立てて一枚の写真にしていくイメージで、小さくした仕事をこなしていってください。

04

業務にかかった時間を検証し次回以降に活かす

目標時間と実際の所要時間の差を縮めるために

すべてにおいて言えることですが、仕事の結果に関わらず、反省を次回に活かすことは、仕事の基本であり、自分の成長にもつながります。

ビジネス書に必ずといっていいほど出てくるPDCAサイクル（PLAN DO CHECK ACTION）ですが、時間管理においても、計画、実行、点検、行動という流れを意識することが重要です。

本書の2章で、To Doリストに所要時間を記入することの重要性について説明しました。

最初のうちは、見積もった所要時間と実際かかった時間のあいだに、どうしても誤差がでてくるのは仕方ありません。

しかし、その誤差をそのつど検証していけば、見積もりの精度はどんどん高まっていくはずです。

●所要時間を見積もること＝完了目標時間の設定

所要時間とはいわば完了目標時間です。
つまり、所要時間を的確に見積もりできるということは、それだけ高い意識で仕事に取り組むことができているということです。

目標時間にたいしての結果が、30分縮まるだけで、週5日計算で2時間半分の新しい仕事ができるということになります。
このように、仕事にどれだけの時間がかかったのかを原因とともに検証していくことが、段取り力を研ぎ澄ましていくのです。

ぜひ高い時間意識をもって、仕事に取り組んでみてください。仕事のスピードや質が劇的に変わるはずです。

05

90分一コマで仕事を進める

最適な時間で区切って効率化を図る

効率的に仕事を進めるために集中力の維持は欠かせませんが、「気合い」だとか、「頑張ろう」などの精神論だけでは実際不可能です。

さて、人間が集中できる時間は90分が限度という研究結果があります。大学の講義などが90分1コマになっているのはこのためです。

さらに、周期的におとずれるという「集中力の波」は15分周期なのです。

仕事においてもこのバイオリズムを利用すると、集中できる時間とそうでない時間とのバランスがとりやすく、効率性がアップします。

具体的には、仕事を90分一コマに区切って、15分ごとに短い休憩をいれます。90分経つとその仕事は緊急でない限り、途中でも手を置いてください。

90分一コマの時間割

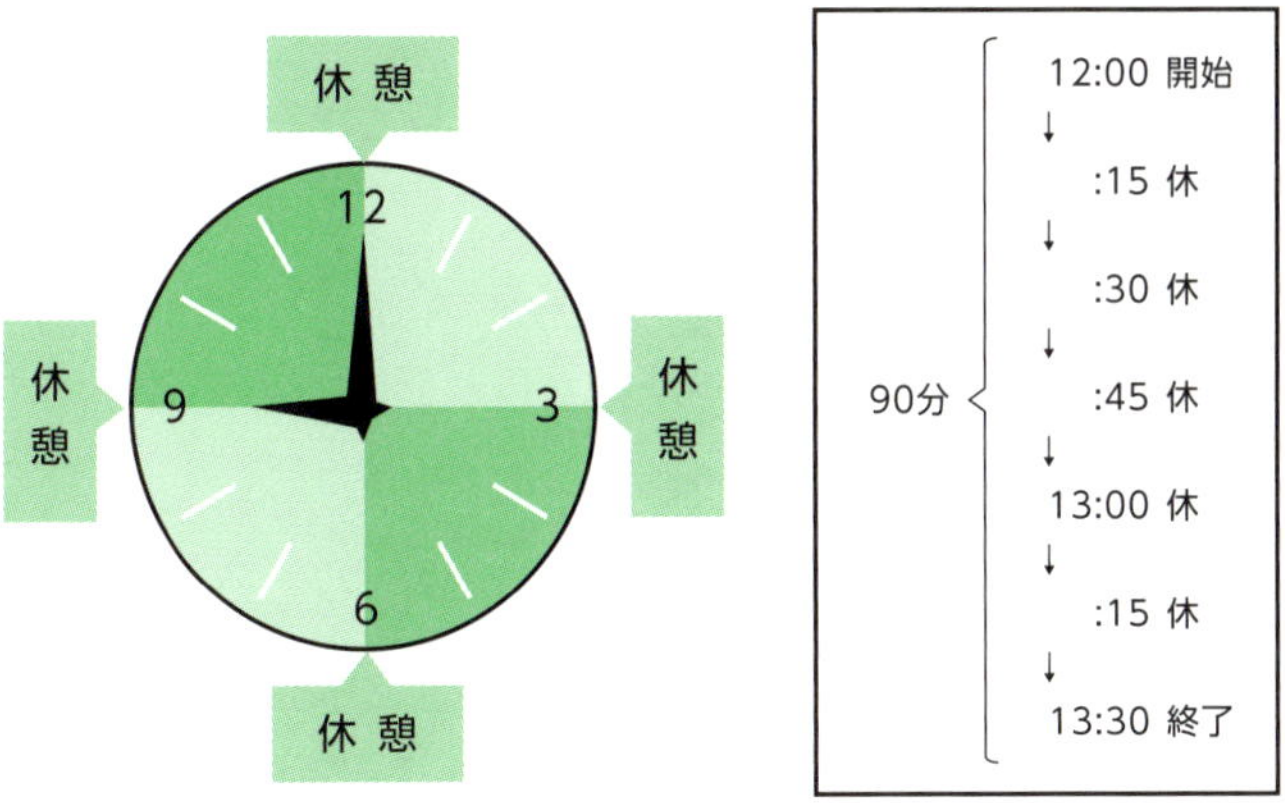

次の仕事に取り掛かるまでは、コーヒーを飲んだり、ストレッチをするなどして、やや長めの休憩をとることで、脳をしっかり休ませてあげましょう。

この方法は、集中力を高める効果のほか、時間制限内に仕事を終わらせるという意識を持つことができます。

このように、同じ時間でも、区切って休憩をはさむことで、なんとなく仕事をするようりも、格段に集中できます。

後半に集中力が切れて仕事の質にムラができるという人には最適の方法です。

06 スケジュールは始業前、昼休憩、終業時と3度見直す

こまめなチェックが仕事の正確性を高める

事前に作成したスケジュールがうまく機能しないということはよくあります。

仕事には変更がつきものですが、スケジュールを作成することそのものに満足してしまい、活用するということが抜け落ちてしまっているというケースがよく見受けられます。

これを防ぐためには、何度もスケジュールを見直すことがもちろん大事ですが、確認のタイミングを固定しておくと楽に仕事を進めることができます。

●1日3度のスケジュール確認が高める段取り力

スケジュールはあくまでも「予定」です。

これに対して、仕事はその時々で時間や内容が変更になったりと流動的なものですので、事前のスケジュールに固執すると、現実の間にどんどんズレが出てきます。

そこで、スケジュールは始業前、昼休憩、終業時と少なくとも1日3回見直すようにし

ましょう。

始業前の確認は、仕事の流れをおおまかにイメージしておくためにおこないます。

昼休憩の確認は、午前中の状況をスケジュールと比較して点検します。

ここで必要があれば午後のスケジュールを変更して、仕事の軌道修正をしておきます。

つまり、現時点で、スケジュールがタイトで、午後の予定に無理がありそうだと判断した場合に、予定を組み替えたり、所要時間を調整するなどして整合性をとります。

終業時の確認は前項でも説明しましたが、スケジュールにたいして進行結果がどうであったかを検証し、翌日の業務に活かすという作業です。

1日3回の確認をしてこそ、立てておいたスケジュールが活きてきます。

ただの予定表にならないためにも、必ず押さえておきたいポイントです。

07

長期的な仕事であればあるほどチェックポイントを設定する

仕事のゴールを見失わないための対策

仕事が長期化すればするほど、自分の立ち位置を見失うことで、仕事が粗くなってしまうリスクが大きくなります。

そもそもこの仕事の目的はなんだったのか、やらなければいけないことは何か、モレやダブりはないかなど、頭の中だけで考えながら仕事を進めていくのは困難でしょう。

そこで、長期的な仕事には定期的にチェックポイントを設けて、モレ、ダブりなどの修正点がないか点検をすることが大切です。

●とくに注意したいチームプロジェクトの進捗

チームプロジェクトでは、一人一人のメンバーが違う役割を担っているため、終盤でようやく問題に気づくということが起こり得ます。

この場合、メンバー間で共有できる進捗表を作成し、それぞれが随時確認できるように

チームプロジェクトの進捗表モデル

<table>
<tr><th></th><th>日付</th><th>全体</th><th>メンバーA</th><th>メンバーB</th><th>メンバーC</th></tr>
<tr><td>CHCK POINT ▶</td><td>10月1日</td><td>打ち合わせ</td><td rowspan="3">○○○
○○○</td><td rowspan="3">▲▲▲
▲▲▲</td><td rowspan="2">×××
×××</td></tr>
<tr><td></td><td>10月2日</td><td></td></tr>
<tr><td></td><td>10月3日</td><td></td><td rowspan="3">×××
×××</td></tr>
<tr><td></td><td>10月4日</td><td></td><td rowspan="3">○○○
○○○</td><td rowspan="4">▲▲▲
▲▲▲</td></tr>
<tr><td>CHCK POINT ▶</td><td>10月5日</td><td>中間報告</td></tr>
<tr><td></td><td>10月6日</td><td></td><td rowspan="4">×××
×××</td></tr>
<tr><td></td><td>10月7日</td><td></td><td rowspan="2">○○○
○○○</td></tr>
<tr><td></td><td>10月8日</td><td></td><td rowspan="2">▲▲▲
▲▲▲</td></tr>
<tr><td></td><td>10月9日</td><td></td><td rowspan="3">○○○
○○○</td></tr>
<tr><td>CHCK POINT ▶</td><td>10月10日</td><td>中間報告</td><td rowspan="3">▲▲▲
▲▲▲</td><td rowspan="2">×××
×××</td></tr>
<tr><td></td><td>10月11日</td><td></td></tr>
<tr><td></td><td>10月12日</td><td></td><td rowspan="3">○○○
○○○</td><td rowspan="3">×××
×××</td></tr>
<tr><td></td><td>10月13日</td><td></td><td rowspan="2">▲▲▲
▲▲▲</td></tr>
<tr><td></td><td>10月14日</td><td></td></tr>
<tr><td>CHCK POINT ▶</td><td>10月15日</td><td>最終報告</td><td></td><td></td><td></td></tr>
</table>

することが大切です。

進捗表の作成にはデジタルツールを使用しましょう。

共有スケジュールをそれぞれが編集でき、他のメンバーが現在どういった動きをしているのかが、一目で分かるので便利です。

また、データの共有ができる無料のクラウドサービスと併用するとより効果的です。

仕事が長期化、複雑化すればするほど、ミスなどのリスクが高まります。

進捗を可視化して、なんども確認することで、これらのリスクを防いでください。

08 仕事が期限に合わないときこそ他人を巻き込む

1人でやる期限遅れよりも周囲に相談して期限に間に合わせる

仕事が期限に間に合わないというピンチは誰にでも一度はおとずれるものです。

そのときの対応で、あれこれと期限を引き延ばし最後までやってしまおうとする人が、いますが、仕事は完成度よりも決められた期限を守ることが最優先です。

期限を延ばすことは、約束を守らない人、時間にルーズな人というような印象を相手に与えてしまいます。これは、信頼を基礎とするビジネスの世界において致命的です。

したがって、仕事の途中で期限が来た場合は、それがたとえ50％の完成度であってもまず提出してください。

もし完成度に不安がある場合は、

①用語や数字に間違いがないこと。

②未確認事項にダミーの文字が入っていないか。

③後ろの方までそれなりに仕上がっているか。

以上の3点を確認してください。不足分は自分の説明でフォローするようにしましょう。

●一人で抱えこまず相談することで期限切れを阻止

このままでは期限に間に合いそうにないと感じたら、すぐに他の人に相談し、手の空いている人に手伝ってもらいましょう。

人に頼むのは気が引けるという人もいるかもしれませんが、納期が遅れて仕事が台無しになってしまうリスクのほうがはるかに重大なことです。

また、仕事の大きさ次第では、必ず上司に状況を報告して、指示にしたがうようにしてください。勝手な判断が大きなダメージを引き起こす恐れもあります。

繰り返しになりますが、期限切れの仕事は場合によっては全く意味のないものになります。

そうならないためにも、一人で抱え込まず、周りを巻き込むことで、できるかぎり期限に間に合わせることを優先するようにしてください。

09
嫌いな仕事と好きな仕事はセットで処理する

心理的な負担を軽減する工夫

人によって仕事の好き嫌いが分かれるのは仕方のないことです。なんとなく苦手だなと思っている仕事に、率先して取り掛かろうという気持ちはなかなか湧かないでしょう。そういった仕事こそしばしば後回しの対象になります。

そこで、「嫌いな仕事」「苦手な仕事」はズバリ「好きな仕事」とセットにして片付けてしまうことを提案します。

まず好きな仕事から取り掛かりモチベーションを高めます。同時に集中力も高まりますので、その勢いで「嫌いな仕事」に取り掛かるのです。

注意すべきは、せっかく高めた気持ちをリセットさせないために、速やかに「嫌いな仕事」に取り掛かるということです。

●嫌いな要素と好きな要素を交互にもってくる

同じ仕事の中でも、嫌いな要素にうまく好きな要素を織りまぜることで、効率的に仕事を進めることができます。

たとえば、電話で複数のアポイントをとる際、話しづらい相手ばかりに電話するのでは、アポイントをとること自体に気乗りしません。

これでは商談ができず、営業成績があがらないといった悪循環に陥ってしまいます。

そこで、関係が浅く話しづらい取引先と、懇意にしてもらっている取引先を交互に架電するなどすると、苦手意識なくアポイントどりができます。

以上のとおり、一つの仕事のなかでも、好きな要素と嫌いな要素を抽出し、うまくセットして処理すると、心理的負担も軽減され効率的です。

やりたくないけどどうしてもやらなければならないという仕事は、ぜひこの方法を用いて乗り越えてください。

10 仕事が難航したら途中で段取りを変えてみる

計画をきっちり修正することが質の高い仕事につながる

本書でも何度か触れましたが、計画、準備段階で仕事の優先順位をつけたり、どのように仕事を進めるかをあらかじめ決めておくことは、段取りに欠かせない要素です。

ただ、仕事を進めているうちに、計画そのものの見直しに迫られる場面にかならずぶつかります。

とくに、計画どおりに仕事が進まないときは、やり方や計画そのものに問題がある場合が多いので、一度立ち止まって見直した方が結果的にゴールへの近道になります。

●段取りの問題は「トヨタ式カイゼン」で掘り下げる

段取りにどうやら問題があるようだと感じた場合は、原因を正確に把握しないと同じことの繰り返しになります。

そこで、埋もれている原因を探して出し、検証するために最適な手段が「トヨタ式カイゼン」です。

これは、「なぜ」を5回繰り返して、原因を検証するというものです。

たとえば、期限遅れの原因を探りたい時に、「トヨタ式カイゼン」をつかって検証すると、

「納期が間に合わない」↓（なぜ？）↓「仕事を後回しにするから」↓（なぜ？）↓「自分の手におえそうにないから」↓（なぜ？）↓「その仕事をこなすだけのスキルがないから」↓（なぜ？）↓「スキルアップのために努力をしていないから」↓（なぜ？）↓「時間がないから」となります。

このように分析すると、「スキルアップに費やす時間を捻出する」「スキルがある他の人に仕事を手伝ってもらう」といったように、より具体的な対策を立てることができます。

計画を変更するときも、同じ要領で原因の本質を探り、できるだけ具体的な変更案を練るようにしてください。

そうすることで、変更後の計画がより洗練されたものになり、誤ることなく仕事の目標に進んでいくことができるはずです。

11 ルーチンワークはスキマ時間に片付ける

時間は徹底的に効率よくつかうという意識が大事

時間のやりくりはパズルのようなもので、どの仕事をいつやるのか効率的に考えることが重要です。

押さえておきたいポイントは、いつやってもいいようなルーチンワークはスキマ時間に片付けるという点です。

ルーチンワークは扱いに慣れているので、つい先に手をつけたくなりますが、移動時間や、大きな仕事が終わって一息つきたいときなどに手早くやってしまうのが理想です。

そして、コアタイムはほかの優先すべき仕事に集中しましょう。

コアタイムをルーチンワークに費やし、重要な仕事をする時間がないようなことを防ぐため、時間の配分を意識するようにしてください。

第４章

【思考編】
成果が大きく変わる仕事の取り組み方

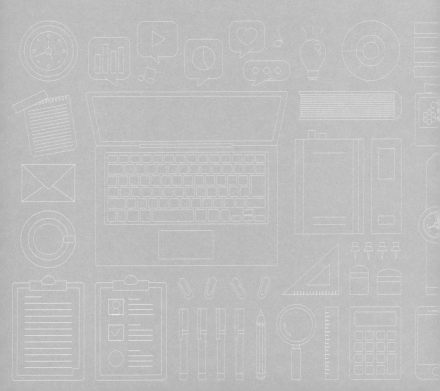

01

NOと言うことで「忙しいだけ」の仕事を減らす

限られた時間のなかで「重要な仕事」を的確に選ぶ

断るのが苦手で、たいして重要でない仕事ばかりしている人がいます。

こういう「いい人」は忙しい割に成績がいまいちで、会社から望むとおりの評価を受けることができないという状態に陥ってしまいがちです。

もちろん、全ての仕事を引き受けて、それを完璧にこなすことができれば理想ですが、現実的に不可能です。

こういう「忙しいだけの仕事」を抱え込まないためには、限られた時間の中でどれだけやるべき仕事を選択し、それを効率的にこなしていくかが重要です。

そのためにはまず、「忙しいだけの仕事」と「重要な仕事」がそれぞれどういったものか的確に分別するという作業が必要です。

「重要な仕事」と「忙しいだけの仕事」の違い

重要な仕事	忙しいだけの仕事
仕事や計画が着実に前に進む	仕事や計画の前進を妨げる
困難だがやりがいがある	簡単でやりがいがない
スキルや知識が必要	スキルや知識がなくとも余裕でできる
会社やチームの利益につながる	売り上げ、利益ともに影響はない
自分にしかできない	誰がやっても同じ

✓ 仕事を依頼されて反射的に引き受けるのではなく、「重要な仕事」と「忙しい仕事」を区別してから判断することで、時間を効率よく使っていこう

あちこちと動きまわって一見忙しそうに見える「忙しいだけの仕事」と「重要な仕事」との大きな違いは、「考える必要があるか」ということです。

重要な仕事というのは、思いつきでできるほど簡単ではありません。

少なくとも前もって計画、準備が必要で、考えることも必要です。

また、最良の結果を出すためには、自分にしかできないような仕事も重要といえるでしょう。

反対に、何も考えずに取り掛かることができるものや、だれでもできるような仕事は「忙しいだけの仕事」であることが多いのです。

このような仕事に時間を奪われないために、やるべき仕事をしっかり判断しましょう。

●安請け合いは自滅のもと

それでも他人の仕事を引き受けるときに一番注意しなければならないのは、できもしないのに仕事をうける「安請け合い」です。

これは全ての人を不幸にします。

信頼して仕事を依頼したはずが、ふたを開けたら全然できていなかった。リカバリーするにも時間がないということになれば、引き受けたほうも信頼を失ってしまいます。

また、「安請け合い」によって時間と気持ちに余裕がなくなり、抱えているほかの仕事の質を下げることもデメリットの一つです。

したがって、仕事を依頼されたときは必ず、自分の持ちタスクを含めた優先順位づけをしてみてください。

そこで、依頼された仕事が重要でないと感じたら、次に「断る」ということを考えなければなりません。

●上手に断るワザを身につける

体育会系の組織では、先輩、上司の依頼を断るなど言語道断というところもあるかもしれません。そうでなくとも依頼を断るというのはなかなか勇気のいることです。しかし、「忙しいだけの仕事」をできるだけ減らすためには「ノー」といえる技術を身につける必要があります。

そこで、どうしてもほかに重要な仕事があって、依頼を断らなければならない場合は、まずできるだけ落ち着いて、自分の状況を説明することです。

できるだけ具体的に自分がどういった状況かを淡々と説明しましょう。仕事を断ることの後ろめたさを態度に出してしまうと、取り繕った説明に聞こえてしまいます。

また、上司や、取引先などの依頼を断る場合は、必ず代替案を用意しましょう。たとえば「明日の午前中ならできます」といったように、代わりの選択肢を用意してあげると、相手に配慮しているという誠意をみせることができるので、関係が気まずくなることもないでしょう。

02

イヤな仕事ほどできるだけ早く片付ける

気持ちを安定にするためには早く取り掛かる方がよい

仕事に苦手意識を持つことはよくあります。

前章でも説明しましたが、取り掛かるまでに時間がかかり、後回ししてしまうのも「イヤな仕事」です。

「イヤな仕事」に取り掛かるためにはそれなりのマインドセットが必要です。

具体的には、終わった後のイメージを膨らませることが効果的でしょう。

やり終えたあとに残っているのは好きで楽しい仕事と考えることで、早く片付けてしまうのが得策です。

また、「イヤな仕事」が気持ちを後ろ向きにさせるため、集中力が散漫になり期限遅れ、ミス、ダブり、モレなどあらゆるトラブルの原因になります。

このようなトラブルが引き起こす結果と、早く片付けてしまった後の解放感を比較してイメージするのもよい方法です。

●「喉元過ぎれば熱さを忘れる」の気持ちで

私たちはよくわからないことであればあるほど、よく考えず物事の一面だけを見て判断してしまうものです。

ですので、「イヤな仕事」というのも、決定的な理由があってその仕事を嫌うのではなく、ぼんやりとネガティブなイメージをもっているにすぎないことがよくあります。

そして、そういう仕事は思い切って取り掛かってしまうと、考えていたほど難しいものではないことが多いのです。

「喉元すぎれば熱さを忘れる」ということわざがありますが、苦手意識をもっている仕事を前にしたときは、なんでもよいので、簡単な部分からまず始めてみてください。

一度始めてしまえばこちらのものです。あとは勢いでやってしまいましょう。

03

スランプなら簡単な仕事からやってみる

コンディションが悪いならできることだけをやる

体調がどうも優れない、気分がすぐれないということは誰にでもあります。

また、一年を通してベストなパフォーマンスを発揮するのはそもそも不可能なことです。

こういったとき、思うようにいかないことにストレスを感じるよりは、悪いコンディションなりにできることをゆっくりとやることにしましょう。

本来のリズムに身体を戻していくために、簡単な仕事からスタートするのです。

簡単な仕事は、心身に及ぼす負荷が少ないので、ストレスを感じることなく進めることができます。

そのほかの仕事は、他の人に手伝ってもらったり、任せたりするのがよいでしょう。

●調子が悪いときは段取りを忘れる

本書は段取りの重要性について扱っていますが、本来の調子に戻るまでには、段取りをいっそ忘れることも一つの考え方です。

仕事の段取りというものは、通常のコンディションで進めることを前提としていますので、遅れがでて計画どおりにいかないことがストレスに感じると、より状態が悪化し、最悪の場合会社を休むことになりかねません。

したがって、「今日は無理せず、明日からまた頑張ろう」と開き直ることも大事です。

プロのスポーツマンもスランプがあることをある程度考慮したうえで、一年のどこに自分の調子をピークに持って行くかを考えながらトレーニングしています。

ビジネスパーソンも同様に、一年のなかで調子の良し悪しは必ずあるということを前提に適宜準備すれば、全体的な仕事に大きいムラがでるようなことはないのではないでしょうか。

04

6つの「他力」を使って仕事をよりスムーズに

行き詰まったときこそ「他力本願」

長い間仕事をしていると、どうしても困難な仕事にぶつかり、前に進まないことがあります。

それでも、時間は容赦なく過ぎていき、同時に期限が近づいてきます。

一方で、「仕事ができる人」はなんとなく逞しいイメージがあり、数々の困難を一人で乗り越えてきたものだと考えてしまいがちですが、こういう人にこそ「他力」を使って仕事を進めるのが上手な人が多いのです。

なぜなら「仕事ができる人」は「他力」をうまく使うことが、仕事を早く進めることに効果的であると知っているからです。

仕事は結果がすべてであり、自分一人でやり遂げなければならないという制約はないのです。

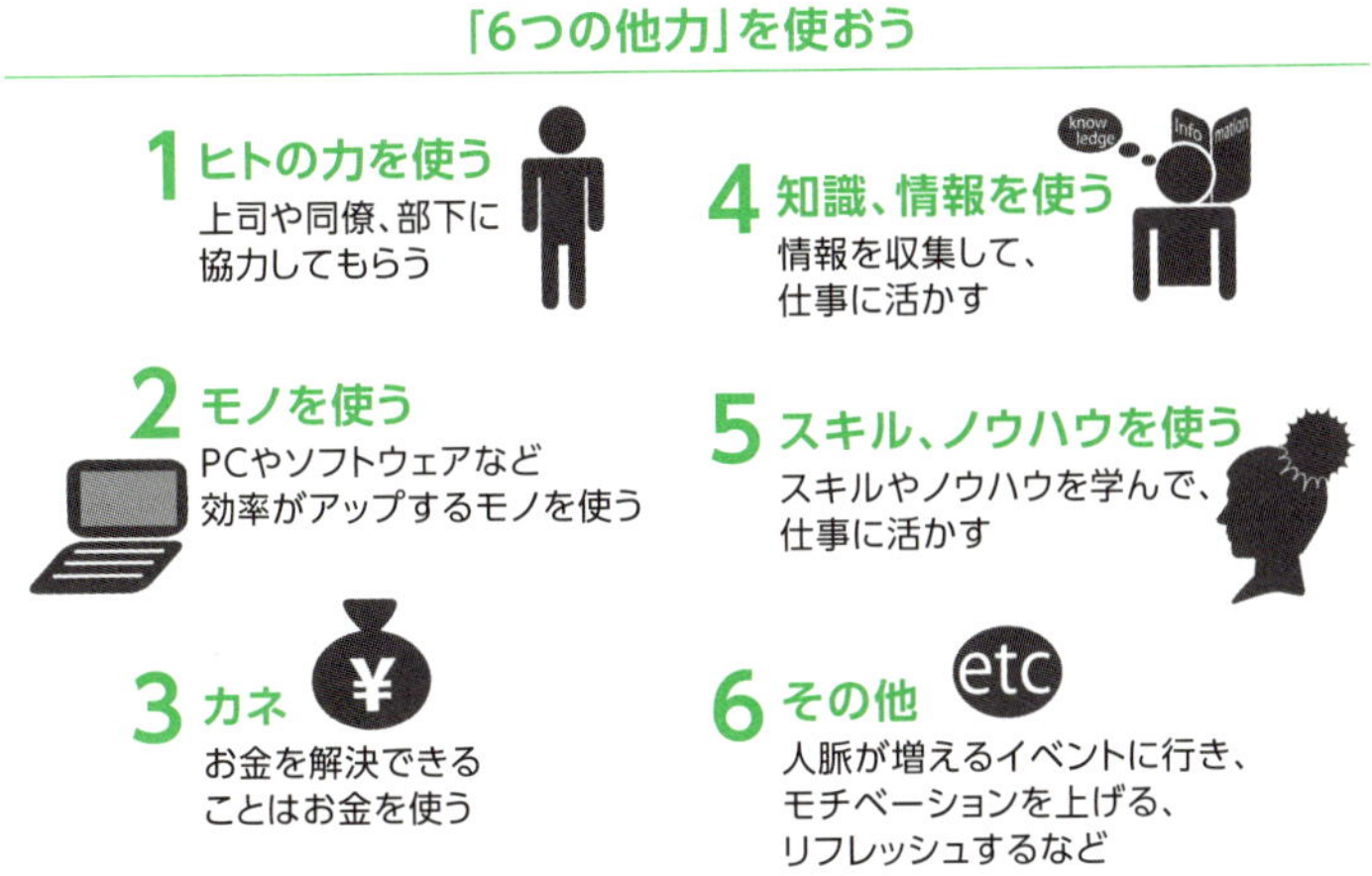
「6つの他力」を使おう
1 ヒトの力を使う
上司や同僚、部下に
協力してもらう
2 モノを使う
PCやソフトウェアなど
効率がアップするモノを使う
3 カネ
お金を解決できる
ことはお金を使う
4 知識、情報を使う
情報を収集して、
仕事に活かす
know ledge
info mation
5 スキル、ノウハウを使う
スキルやノウハウを学んで、
仕事に活かす
6 その他
etc
人脈が増えるイベントに行き、
モチベーションを上げる、
リフレッシュするなど

●使えるものは全て使うのがゴールへの近道

次に紹介したいのが、仕事をスムーズに進めるための6つの「他力」です。

①ヒト。
②モノ。
③カネ。
④知識・情報。
⑤スキル・ノウハウ。
⑥その他（イベントへの参加、リフレッシュなど）。

以上の「他力」をフルに使えば、思考停止して時間を無駄にすることは減るのではないでしょうか。

自分の力と組み合わせて、最良の結果がでるように取り組んでみてください。

05 心配事を紙に書き出すことで集中力UP

時間を奪う心配事は外にだしてしまう

集中力を維持するには、心身ともに健康である必要ありますが、とくに不安のような精神的な問題を抱えていると、目の前のことに集中できなくなってしまいます。

とはいえ、人間に心配事はつきものですので、それを完全になくすことは不可能でしょう。


そこで、仕事に集中するために、自分の不安をすべて外に吐き出す必要があります。

人に話を聞いてもらうなどするだけでも大きく変わってきますが、話したくないこともあるでしょうし、周りにそういう気の置ける人がいないということもあるかもしれません。


そういうときは、A4サイズくらいの紙に心配事をすべて書き出してください。

不安を書き出すことで、一度外に預けておくイメージです。

そして、書き出したことはとりあえず一切忘れて、目の前の仕事に集中しましょう。

●頭のなかを整理するために書き出す

書き出すことの真の意味は、気持ちを切り替えることにあります。

頭の中にある不安というのは、整理されていない状態ですので、結論がでないまま堂々巡りをしている状態です。このままではいつまでも無駄な時間から抜け出すことができません。

それが、書き出すことによって整理されると、いったい何のために不安になっているのか、原因が「見える化」されます。

そうすると、気持ちを切り替えて仕事に臨むことができるばかりか、うまくいけば不安を解決する具体的な方法を思いつくかもしれません。

なお、書き出すときは、デジタルツールではなく、手を動かして紙に書く方が考えがまとまりやすいでしょう。

考えにとらわれて、仕事が滞るのは会社にとっても自分にとってもロスです。

アウトプットすることで頭の中をスッキリし、すばやく気持ちを切り替えましょう。

06

ミスをして落ち込むより成長や改善のヒントにする

後ろ向きになるよりミスを成長の糧にする

ミスをすると人によって差はあれ、落ち込んでしまうものですが、世の中ミスをしたことがない人などいません。

ミスをしたときに大事なことは、一刻も早くリカバリーすることです。

しかし、落ち込んだ状態ではどうしても動きが鈍くなります。そうしてまたミスを繰り返すといったことになります。

そこで、冒頭で触れたように、「ミスをしない人はいない」と考えましょう。

仕方ないと開き直るのではありませんが、自分は「仕事のできない人だ」と考えないようにするということです。

すばやく気持ちを切り替えて、同じ過ちを繰り返さないようにしようという心がけが大事です。

●ミスを減らすためにセルフチェックを徹底する

ミスをしても大手を振って喜べるわけではありませんが、成長の糧になるという考え方もあります。

ミスをしながら叱責を受けながらも成長していける人は、冷静に原因を追求し、次に活かすという作業を必ずしています。

原因の追求作業をしていると、「数字の間違いが多い」「伝え方が悪いので、誤解を招いた」など、自分の弱点が見えてきます。そうすれば次からどう対応すればミスが起こらないのかという答えを導くことができるはずです。

一方でミスが減らない人は、反省を次に活かさない人が多いです。

失敗からなにも学ぼうとせず、同じことを繰り返すわけですから、同じ人でも成長に大きな差がつきます。

シンプルですが、「ミスをしない人はいない。でも、減らすようにしっかり反省をする」という姿勢を忘れないようにしてください。

07

段取り上手な人を見つけたらどんどん真似する

よい部分はどんどん取り入れ自己流段取り術をつくる

仕事の進め方について、いろいろ試行錯誤してもうまくいかないという人は、他の人の段取りを真似してみましょう。

人それぞれ自分に合った仕事のスタイルがあり、それだけ段取りのやり方もさまざまです。

しかし、段取り力アップの近道はなんといっても、段取り上手な人を真似することです。段取りが上手な人にはそれぞれ今までの経験をとおして、自分なりの工夫をしていますので、仕事の進め方が洗練されていることも多いです。

自分の段取りのなかでうまくいかない部分があれば、その人がどのような仕事運びをしているのかポイントを抑え、自分と比較してみたり、実際に真似をしてみましょう。

参考にする対象は、やはり同じ業種の人が望ましいでしょう。

必ずしも同じ会社の人である必要はなく、他の会社の人でもよいのです。

会社によって違う企業文化がありますので、斬新な仕事術を学ぶ貴重なチャンスになるかもしれません。

●段取りだけでなく他の要素も真似してみる

他の人から参考にできることはどんどん吸収しましょう。

繰り返しますが、人は経験をとおして、自分の仕事スタイルを確率していきます。それも千差万別ですので、自分にしっくり合うと思った人から学べばよいのです。

商談の準備から進め方、話し方やジェスチャーの入れ方など、参考にできる部分はすくなくありません。

真似をするときは、なぜそれを真似しようと考えたのか、自分なりに理由がなければなりません。よいと感じた部分は、必ず効果があるからです。

それを把握したうえで真似することで、自分の仕事スタイルをよい方向に発展させることができます。

08

20分の仮眠が思考をフル活動させる

20分の仮眠は夜間睡眠3時間分の価値がある

最近、20分程度の仮眠が仕事の効率をアップさせるという「パワーナップ」が提唱されています。

すでにドイツの大学などで効果が裏付けされた研究結果がでており、これをうけたGoogleやAppleなど、アメリカの企業で制度として取り入れていれられているのです。

人間の睡眠は90分のノンレム睡眠と約20分の浅いレム睡眠とで成り立っているといわれていますが、「パワーナップ」とはこの浅いレム睡眠をとったかのように脳に思い込ませることで、リフレッシュさせるということです。

車の運転で眠くなったとき、休憩所で仮眠をとると頭がスッキリするのは、まさにレム睡眠をとったかのような状態になっているからです。

このメカニズムを仕事にとりいれることで、効率アップにつなげることができます。

●効果的な「パワーナップ」の取り入れ方

アメリカで実際に取り入れられている具体的なパワーナップの方法は、

①昼食後の自然な眠気を利用して昼寝をする。
②昼寝前にコーヒーなどのカフェインを取って昼寝からの自然な目覚めを狙う。
③スマホなどのタイマーをかけ20分昼寝する。
④起きたらストレッチで体を目覚めさせる。

以上の4点がポイントです。日本では横になって眠ることができるオフィス環境はあまりないとおもいますので、デスクで座ったまま仮眠をとってみてください。

これだけでも頭がスッキリして午後からの仕事が進めやすくなるでしょう。

09 退勤前の10分で一日のPDCAを確認する

1日の反省はその日の終業時に毎日確認する。

ビジネスパーソンは常に向上心をもって仕事に取り組まなければなりません。

そして、将来に向けて成長していくためには、一日一日を無駄にせず、その日の反省を明日に活かすことが必要です。

長期的にみると、自分がスキルアップして、仕事を早くこなせるようになることがなによりも段取り力アップにつながるのです。

そこでやって頂きたいのは、毎日、退勤前の10分を使ってその日の仕事を振りかえるということです。

そして、その際には「PDCAサイクル」で確認をしてみましょう。

前章で少し紹介しました「PDCAサイクル」では、Ｐｌａｎ（計画）、Ｄｏ（実行）、Ｃｈｅｃｋ（確認）、Ａｃｔｉｏｎ（改善）を繰り返していくというもので、ＩＳＯ認証の管理システムなどにも応用されているフレームワークです。

●「PDCAサイクル」を用いて毎日欠かさず確認する

この「PDCAサイクル」を利用して、一日の仕事を考えてみます。

退勤前10分にその日の仕事が計画どおりに進んだのか確認し、改善点があれば対策を立てます。それを踏まえて、翌日の計画を立て、当日は計画どおりに実行するという流れです。

このサイクルを毎日欠かさず繰り返すのです。

この方法は、前日の反省を活かして計画を立てるという点で、段取り力がつくばかりか、ミスのチェック機能としても有効です。

また、自分の仕事の質を確実に高めることもできるのです。

注意したいのは、毎日かならず継続してはじめて効果が出るということです。

また、PDCAのどれか一つでも抜けると意味のないものになります。

PDCAサイクルとは

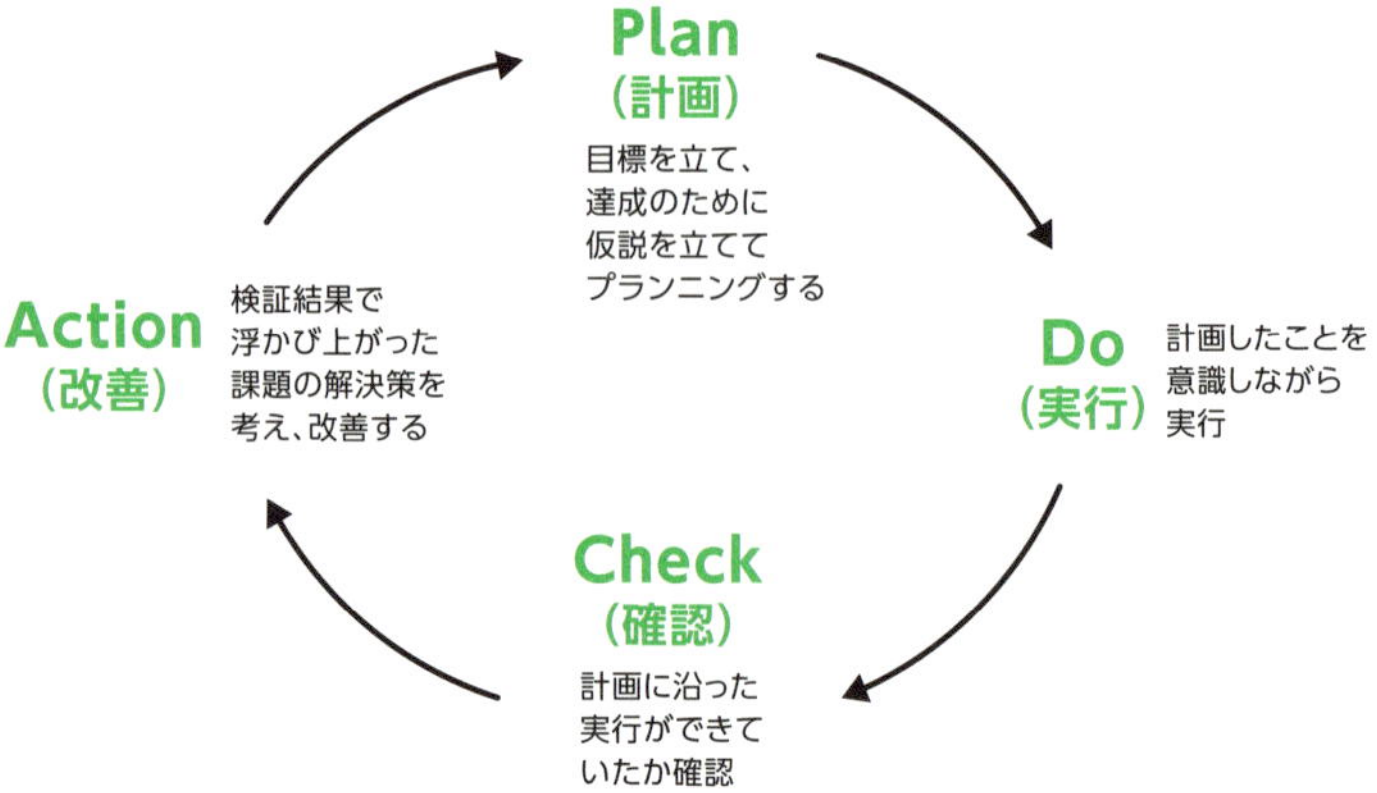

たとえば、計画だけで実行がないと、文字通り「計画倒れ」になってしまいますし、確認なしではやはり計画を立てることができません。

最後に、「PDCAサイクル」の実行にあたって、毎日気づいたことをメモしておくことをオススメします。

確認の結果、改善点が明らかになっても忘れてしまっては次の計画に反映させることができません。

あとで自分の仕事がどう変わったのか、確認できるような形に書き留めておくと、自分の成長も実感できるのでオススメです。

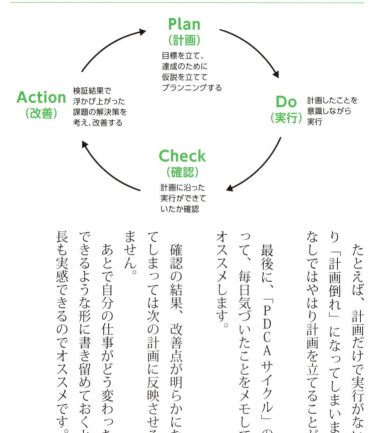

第5章

【交渉編】苦手なコミュニケーションを劇的に変える

01 報告は必ず結論からシンプルに

上司に報告をするとき、いいにくい内容であればあるほど、言い訳をダラダラと話してしまいがちです。

しかし、上司も忙しく、本当に知りたいことは「要するになにがいいたいの」という結論の部分であるはずです。

したがって、報告をするときはまず結論から先に述べて、できるだけシンプルにまとめるように意識しましょう。

●「理由」は「根拠」を示して「結論」を支える

冒頭で「結論」から述べたあと、説得力を持たせるために理由を伝える必要があります。

しかし、理由についての根拠があいまいだと、聞き手は納得しないでしょう。

根拠については、主観的な感想は避け、できるだけわかりやすいように、数字を使ったデータや客観的事実を示す必要があります。

報告は「結論」にはじまり「結論」に終わる

結論	○○社との商談は 最終的に200万の利益となりました
理由	円高の影響で、予想以上に為替差益が 生まれたことが大きな理由です
証拠・実例	△△社も同じような理由で、○○社との取引により、 前年比20%アップの利益を上げることができた との記事を新聞で読みました
結論	今回為替差益の影響で200万の利益となりましたので、 今後も ○○社との取引を強化すべきと考えます

✓ 最後にもう一度結論を述べておくことで、
要点を話の中心にもう一度戻す効果がある

ただし、報告には緊張がつきものです。焦ってしまって、なんとかその場をしのぎたいという心理が働くときもあるでしょう。

ですので、冷静に「結論」から始まる、論理的な報告をするためには、少なからず慣れが必要になります。

そこで、日々の会話やメールで「結論」から述べることを実践してみましょう。みなさんはおそらくアプリのＬＩＮＥを使っていると思いますが、ＬＩＮＥほど練習に役立つツールはありません。

「今起きた、だから～」「電車に間に合わなかった、それで～」のように、短い「結論」から会話が始まることが多いためです。

あとは話の構成を論理的にまとめていけば、十分伝わりやすい報告になるでしょう。

02

仕事を頼むときは「期限」と「クオリティ」の伝達がキモ

曖昧な依頼はトラブルの原因

仕事の伝達トラブルは、人に仕事を依頼するときよく起こります。

これは指示の仕方が悪いというケースが多いのですが、具体的にはどういうものがあるでしょうか。

まず、よくない指示の代表が、「コピーして」「これ書き写してください」などと、短い単語を投げるように仕事を依頼することです。

これらは、とくに忙しいときにとくにやってしまいがちな指示の方法ですが、短い単語のみで指示すると、人によっていろんな解釈をする可能性があるため、誤解が起こりやすいのです。

たとえば、今すぐやって欲しいにもかかわらず、聞き手の解釈で勝手に後回しにされていたなどということが起こってしまいます。

指示の内容がどういう意味なのかしっかり確認してくれる人ならまだよいのですが、勝手の判断で処理されてしまい、意図していた仕事と違った結果になってしまうケースもありますので、指示はできるだけ具体的に伝えてあげる必要があります。

●指示に「なぜ」をいれることでトラブルを防ぐ

指示に、たった三つ「なぜ」をいれるだけで、伝達のトラブルを減らすことができます。「なぜ」その仕事をするのか、「なぜ」その仕事が重要なのか、そして、「なぜ」その人に頼んだのかということを伝えてあげると、依頼される側も仕事がやりやすくなります。

目的と重要度を伝えるのは、指示に具体性をもたせ、誤解を防ぐためです。

また、指示を受けた人が、自分の仕事に優先順位をつけやすいように配慮する狙いもあります。

指名した理由を伝えるのは、雑用を押し付けてるわけではないということを理解してもらうためです。「あなただから任せた」と伝えることで、相手のモチベーションを上げるのです。

忙しいときほど、伝達ミスの原因となります。あとで、トラブル処理に時間をとられないよう、具体的に内容を伝えるようにしましょう。

03

言いにくいことはメールより電話、電話より会う

自分の気持ちを伝える最善の方法をとる

最近、上司への欠勤連絡に、ＬＩＮＥなどのアプリを使う若い人が増えているそうです。アプリやメールをつかうと、相手の顔をみなくてもいいので、いいにくいことも報告しやすい、手っ取り早いなどの理由があるのでしょうが、重要事項はすくなくとも電話で、自分の声をとおして伝えるべきです。

ＬＩＮＥやメールは便利ですが、人によっては、「自分のことを軽く見ているのではないか」「礼儀知らずだ」などと不快に感じる人もいるかもしれません。

とくに、欠勤や遅刻などは申しわけないという気持ちを声でしっかり伝えて、誠実さをみせるべきです。

●ベストは出向いて話をする

納期遅れや、納めた商品に欠陥があった場合など、相手に損害や迷惑をかけるようなケ

ースでは、スケジュールを変更してでも出向いて謝罪したほうがよいでしょう。

取引先との関係は、トラブルの対応次第で吉とも凶とも出ます。対応がよければ、むしろ関係が良好になるかもしれません。

ですので、怒られに行くのは、気乗りしないことではありますが、メールでの対応は禁物です。基本的にはアポイントをとって出向き、顔を合わせて謝罪しましょう。

そして、問題について、どのように対応するのかを説明するとこちらの気持ちも伝わりやすいはずです。

それでも訪問できないときは、電話でその旨についてもお詫びをいれておきます。「お伺いして直接お詫びするのが当然ですが、」という旨をひとこと添えておくと、なおよいでしょう。

コミュニケーションはこちらの利便性を基準にしてはいけません。

感情をもった同じ人間を相手にしているということを忘れず、できるだけ誠実に対応するようにしてください。

04

報告はタイミングと具体性が肝心

相手に喜ばれる報告を心がける

新入社員研修などでかならずといっていいほど出てくる「報・連・相」という言葉。会社はそれだけ、仕事に報告を求めているのだと捉えることができます。

とくに、管理職のように、チームをうまく管理して、結果を出すことが自分の評価になるような立場の人が、報告を重要視するのは当然です。

一つのチームで複数いるメンバーがどのように仕事をしているのか、報告なしですべて把握することは不可能だからです。

しかし、実際は、「報告が遅い」「なぜ報告しなかった」などと怒号を耳にする場面によく遭遇します。

報告をしないというのは意識の問題ですが、報告のタイミングに代表されるように、その方法自体に改善の余地がある人は少なくないようです。

●報告のタイミングを見誤らない

では、とりあえず起こったことを直ちに報告すればよいのかというとそれも違います。

あたりまえのことなのですが、上司にもスケジュールがあるということを忘れないでください。

「プロジェクトの報告をしたいのですが、本日11時はいかがでしょうか」と具体的な日時を添えてスケジュールを確認すると親切です。

また、報告自体も、相手の時間を使っているという意識をもって、主観的な感想やプロセスをだらだら話さず、事実を客観的に説明するようにしましょう。

以上のポイントを押さると、報告をしっかりしてくれる部下ということで、上司の信頼を得ることができるはずです。

05

決裁が必要な仕事はキーマンの予定を押さえておく

たった一つの要因で仕事が止まってしまわないように

ビジネスはスピードが命といわれているように、ライバルや競合他社に勝つためには、できるだけ早く動けるように事前の周到な準備が必要です。

しかし、いざ、スタートしようというときに、プロジェクトの決裁者が出張で2週間いないというようなことがよく起こります。

仕事にはプロジェクトの予算や新規顧客の与信など、承認を得ないことには進まないことがいくつもあります。

とくに、大企業では決裁者が複数いるというケースが多く、たった一人の決裁が遅れたために、仕事が大幅に遅れてしまうリスクが大きいのです。

そこで、段取りでも重要なポイントの一つが、「キーマンの予定は必ず押さえておく」ということです。

仕事が滞らないように、あらかじめスムーズに決裁をもらえる根回しをしておくことが肝心です。

●とくに「忙しい人」の予定は最低一ヶ月前から把握しておく

会社によっては、プレイングマネージャーといって、管理職でいながら営業をする人も多くいます。

プレイングマネージャーは多くの仕事を抱え、会議や出張が多いため、長い時間離席することもしばしばです。

こういった人が決裁権を持つ仕事をする場合、とにかく先に本人からスケジュールを聞いておくようにしましょう。

その際も、承認が必要な仕事の概要はもちろん、どのようなポイントで決裁が必要であるかなどを説明し、重要性を理解してもらう必要があります。

決裁者も上層部への根回しなど、段取りが必要なこともあります。いきなり行って承認を得ようとするのは相手の時間を奪うことにもなり、親切ではありません。

06

指示は6W3Hで漏れなく聞く

話の聞き方を変えるだけでトラブルは減る

指示の聞き漏れで上司からの叱責をうける人がいますが、こういう人は不思議と何度も同じ事を繰り返すケースが多いように思われます。そして上司だけでなく、周りの全員の意見も聞き漏れを起こしている可能性があります。

例えば指示する人が早口だったり、指示が抽象的だったりと、要点をつかみにくいという場合もありますが、それをよく分からないまま、とりあえずで「はい」「わかりました」と了承してしまうのは問題です。

結局あとで叱責をうけるのは自分ですので、指示は漏らさず聞くという姿勢がまず大事です。

指示を聞くときのポイントは、

①**メモをする。**

6W3Hで指示の聞き漏れをなくす

指示の聞き方　3つのポイント

- メモを取る
- 理解できない部分、質問があれば聞く
- 復唱する

6W3Hのチェックシート

（例）○○部長が●●商事△△専務との商談に使用する、
●●商事との会社統合プロジェクト資料作成

6W	指示の内容	3H	指示の内容
WHEN （いつ）	11月24日	HOW （どのように）	
WHERE （どこで、どこに）	●●商事	HOW MUCH	
WHO （誰が）	○○部長	HOW MANY	
WHOM （誰に）	●●商事 △△専務		
WHAT （何を）	会社統合 プロジェクトを		
WHY （どうして）	バイオプラントの ノウハウを得るため		

✓ あらかじめ「6W3H」のチェックシートをつくって、指示を聞くときにそれにメモするようにすると、聞き漏れはさらに防ぐことができる

②**理解できない部分、質問があればかならず聞く。**
③**復唱する。**

以上の3つです。

忘れないようにメモをし、完全に指示を理解するために質問する。そして、「〜ということですよね」と最後に復唱することで、指示の内容に誤解がないか確認するのです。

これだけでも聞き漏れはグッと減るはずです。

●指示が下手な人には「6W3H」で聞く

1から10まで親切に説明してくれる人ならよいのですが、なかには指示の仕方がぞんざいで、言葉足らずのため、そのまま聞いてしまうとトラブルにつながるというケースも少なくありません。

そこで、指示を聞くときは「6W3H」を意識してみてください。そうすることで、不足している情報をもれなく聞き取ることができます。

さらに、聞いた指示の内容が「6W3H」にしっかり適合しているかチェックしておくと完璧です。

07

商談や打ち合わせ前のシミュレーションが成功の近道

事前準備のない商談に成功はなし

どれだけ関係が親密な取引先でも、商談には利害が伴いますので、お互いの思惑を読むという駆け引きになります。

ですから、それだけしっかりを戦略を練っておかないと、商談の成功は難しいでしょう。

●綿密に作戦を練って商談に臨む

事前準備で重要なポイントは、商談の決定権者をまず押さえるということです。そうでない人といくら会心のプレゼンをしても、実になりません。

次に、商談相手がどんな性格なのかを把握しておくことです。そうすることで、相手の個性に合わせた商談ができます。趣味などを把握しておくと、より商談がスムーズに進むでしょう。

あとは商談を有利に進めることができるような情報や資料収集に集中します。

相手企業の動向や、強み、弱みなどを情報としてつかんでおくと、戦略が立てやすくな

商談を成功に導く事前準備のフローチャート

1 決定権者を確認

▼

2 交渉相手がどのような性格なのかを把握

▼

3 交渉相手についてよく知っている人などから情報収集

▼

4 相手企業の情報、動向や強み、弱みを把握

▼

5 相手が出してくる条件を予測、対策を立てる

▼

6 こちらの有利になるような決めてがないか考える

▼

7 シミュレーションして、不備がないかチェック

ります。

最後は準備したことにモレがないか再度確認します。その際は商談の様子を頭の中でシミュレーションするとより効果的です。

もし、自信がなかったり、引っかかりを感じたりしたときは、なにか不備があるのかもしれません。

そのときはもう一度、計画、準備の内容ををチェックしてみてください。

準備なき商談に成功はありえません。

本番にリラックスして臨むことができるように、しっかり対策をとり、不安要素は全て取り除いておきましょう。

08 水掛け論を防ぐため合意した情報は証拠を残しておく

トラブルが起こっても良好な関係を維持する方法

取引先とトラブルがあったとき、一番頭を悩ませるのが、トラブルそのものよりも、いったいわないの水掛け論になってしまうことです。

責任の所在を示す明確な証拠がないため起こることですが、相手はこちらが悪いと思っている。でも、こちらも相手の主張を受け入れるとなんらかの補償をしなければならないので、折れることはできない。

こうして、後味が悪いまま終わってしまい、次回のアポイントも取れないまま関係が切れてしまうといったことも可能性として考えられます。

こういった場合、記憶にどれだけ自信があったとしても、証拠がない限りは事実を知りようがないのです。

●お互いに証拠が残るメールを活用する

取引先とやりとりをする場面は、

①電話
②メール
③商談

この3つに集約されます。

①の電話については、商品の価格合意などの重要な内容が話に上がった場合、通話中に内容をメモしたうえで、その後、速やかに先方にメールするようにしておきます。

②のメールについては、重要なやりとりは誤って削除してしまわないように、フラグをつけたり、顧客別にフォルダ分けして、なにかあったときにすぐ取引先にも提示できるようにしておきます。

③の商談についても同じく、メモした内容を取引先にメールします。

ここで注意したいのは、「メールがエラーで受信できなかった」という逃げ道を防ぐため、返信は必ずもらうようにしましょう。

第６章

【ノート編】
メモ取り・ノート書きを習慣化させる

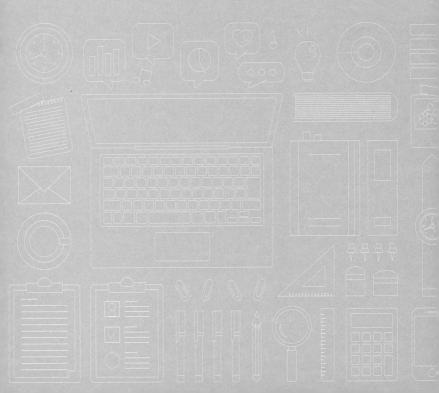

01

メモは「大きく」「大ざっぱ」で記憶力が向上する

メモをフル活用するためのポイント

情報化社会という言葉が流行してから、かなりの年月が経ちましたが、依然として世の中は情報に溢れ、そこからいかに質のよいものだけを選び取れるかという能力が、現代のビジネスパーソンに高く求められています。

しかし、目にするものや、耳にする情報を頭のなかだけに留めて、必要なときに取り出すなどということは、よほどの天才でないかぎり不可能です。

忘れることは人間の特性ですので、自分の記憶力を過信せず、常にメモを携帯し、情報を漏らさずつかみ取るということを怠ってはいけません。

また、アイデアはいつ頭に浮かぶかわかりません。

ふと、取引先の動向に関連した情報が耳に入ってくることもあるでしょう。そういうとき、メモを取りに会社に戻るなどということでは遅いのです。

したがって、退勤時はもちろん、取引先訪問や、出張のときも、メモは肌身離さず携帯するようにしてください。

●アウトプットを意識してメモをとる

メモが苦手な人のなかには、メモがそもそもなんのためにあるのかをあまり意識しないケースが多いように思います。

その場で反射的にメモするのはよいのですが、目や耳に入ってくる情報を無感覚に書き留めるだけでは、あまり意味がありません。

また、現代にはスマートフォンに代表される便利なデジタルツールが普及していますので、それらをメモとして活用している人もいますが、ちゃんとメモの役割は果たせているでしょうか。

メモはそこに書かれた情報が、アイデアの源泉や、意思決定の決め手になることで、仕事の結果にすこしでもよい影響を及ぼすということを目的としなければなりません。

したがって、デジタル、アナログを問わず、後で確認するときに、いったいなにを書いているのか分からないということにならないようにする必要があります。

そこで、自分の字が汚なくて美しいメモが取れないという人は、できるだけ字を「大きく」書くことをこころがけてください。

そうすることで、多少字が汚くても、見やすいメモをとることができます。当然それだけスペースが必要になりますが、ページがもったいないと考えず、思い切ってメモを取るようにしましょう。

また、メモの内容は「要点のみを大ざっぱ」で結構です。

とくに、話をききながらメモをとるのは至難の業で、メモをとることに気を向けすぎると、話の主旨を見失なってしまいがちです。

あくまでも、話を聞くことに専念し、話が核心に入ったり、重要な情報が出てきたときに、情報をできるだけ短い一言でメモするようにします。

メモに詳細を書き留める必要はなく、キーワードを用いて、あとで思い出しやすいようにするくらいの気持ちでいることが大事です。

こうしておくと、自分の記憶力とメモの機能をうまくかけあわせることができ、効果的です。

02

仕事ノートはビジネスの基本

ノートを使いこなすことが段取り上手の鍵

一つの仕事終わるごとに、内容を反省し、次回に活かすという作業の重要性については、今までのところで説明しました。

この作業のポイントは、反省から改善のサイクルで培った経験をしっかり蓄積していくことにあります。

ですので、ただその日の反省をするだけでは忘れてしまい、継続性がありません。

自分だけの「仕事ノート」をつくって、自分が関わった全ての仕事について、いつでも確認できるように記録しておくことをおすすめします。

●「仕事ノート」はできるだけ具体的に

「仕事ノート」には、仕事の概要や、どのような手順でそれを進めたのか、また、ミスやトラブルがあった場合は、なぜそれが起こったのかを検証したうえで、対応をしっかり記載しておくと、次回、似たような仕事に取り掛かるときに参考になります。

とくに、ルーティンワークについては、「仕事ノート」がマニュアルとしての効果も発揮してくれるため、新入社員などに対するコーチングにも活用することができます。

さらに、仕事について報告書を提出する必要がある場合も、「仕事ノート」をそのまま利用できるので便利です。

●内容はできるだけ5W2Hに沿って書く

「仕事ノート」をつけるときも、例に漏れず何が書いているか見やすいものにする必要があります。

そのためには、「5W2H」に沿って書くことをこころがけてください。

そうすると、参照する際に、目的や方法といった読み取りたい情報を容易につかむことができて便利です。

目をこらしてやっと理解出来るようなノートは機能的とはいえません。

仕事ノートの記入例

○○商事　新社屋建設プレゼンテーション

題名は必ず明記しておく

2016/10/20　プレゼン準備スタート

概要：
当社でも重要ターゲットであった○○商事が耐震設計見直しのため、
40年ぶりに新社屋の建設を計画しているとのことで、
発注は入札形式である旨が佐藤専務より連絡あり。

スケジュール：
11/30までに各社、予算を含めた建設案を作成。
12/15　13：00～　○○商事　12階会議室にてプレゼン。
1017/1　最終決定

プレゼン出席メンバー：
当社　鈴木常務、山田部長、中島課長、田中
○○商事　佐藤専務、三浦部長

実行：
営業3チームで1ヶ月にわたり草案を練る。
現社屋を視察の上、CADを使った社屋の簡単な設計図作成、予算算出。

打ち合わせ：
計3回実施（10/26　11/15　11/27）
第1回　進捗報告
第2回　中間報告　修正点確認
第3回　最終確認、プレゼンテーション

✓ 1 つの仕事が終わるたびに仕事の内容を
しっかり記述しておく

03 ノートには自分の気持ちも書くことで覚えやすくする

自分の気持ちを伝える最善の方法をとる

ノートは基本的に自分だけのものですので、疑問点や個人的な感想などを、どんどん書きこんでみましょう。

人間の記憶は、感情と結びついていればいるほど、思い出しやすいと言われています。ノートに自分の気持ちを書いておくことで、あとでノートをみるときに、そのときの記憶を思い出しやすくなります。

具体的には、仕事の達成感や、努力したポイント、目標に対しての意思、ミスをしたときに心に決めたことなどを内容に盛り込んでおくとよいでしょう。

目標までの道のりが長ければ長いほどモチベーションの維持は困難ですが、「仕事ノート」に書かれた自分の気持ちを見るたびにやる気を出すことができるでしょう。

仕事ノートには「事実」と「感想」を分けて記入する

事実の記録	自分の感想
仕事の内容	問題点
所要時間	反省点
日にち	改善点
場所	感想
メンバー	↓
費用・予算	**自分の主観**
内容	

✓ 事実と感想を混同しないように分けて記入する

●「事実」と「感想」は分けて記入する

ひとつ注意しておきたいことは、客観的な「事実」と主観的な「感想」は見出しを立てるなどして、はっきり区別するようにしておきましょう。

仕事の内容や、経過に混じって、感想などが入り込んでいると、なにがいいたいのかわかりにくいノートになってしまいます。

ノートを縦に二分して、左側を「事実」右側にその「感想」というようにしておくと、整理され綺麗なノートに仕上がります。

04

トラブルやミスは必ずメモし同じ轍を踏まない

反省点はしっかり記録し忘れないようにする

一度起きたトラブルやミスの再発を防ぐ一番の方法は、原因をつきとめ、同じことを繰り返さないために、しっかり対策をきめておくことでした。

ここで、付け加えたいのは、反省するだけにとどまらず、それを忘れないために、内容をしっかり記録することです。

そこで、前項で紹介しました「仕事ノート」が活躍します。「仕事ノート」には、仕事の内容や経過に加えて、ミスの反省点やトラブル対策を書き込む欄を作っておくと後の糧になります。

実体験に基づいたノウハウは非常に貴重なものです。書きためておいたノートを会社のメンバーと共有することで、トラブルやミスの対応マニュアルとしても役に立つでしょう。

仕事ノートには「事実」と「感想」を分けて記入する

宅配便が指定日に届かなかった → 積雪の影響で高速道路が速度制限となり、配送が遅れた

✕ ↓

配送業者の問題で、自分は何も悪くない
ドライバーに抗議する

〇 ↓

・天気予報でわかることかも
・作業を前倒しでできたか
・納品先への事前説明が必要だった
・配送業者を変えればどうか

●ノートに書くことで気持ちを切り替える

ミスやトラブルを起こすと、どうしても気持ちが落ちてしまいます。そうなると、仕事の手がとまり、新たなミスを呼び込みかねません。

そういうとき、「仕事ノート」に書き込む作業を通して、ミスやトラブルを客観的に捉えるようにしましょう。考えながら書き込んでいるうちに、落ち込んでいた気持ちがいつのまにか消えてしまっているはずです。

ノートを書き終える頃には、気持ち新たに明日を迎えられる事でしょう。

頭の中で考えるだけではどうしても気持ちを切り替えられず、仕事が前に進まないこともあります。

そのためにもノートを活用して、プラス思考で仕事を締めくくるようにしましょう。

05 会話のメモは時系列で書くと覚えやすい

話を聞きながらメモをとるときに

メモ取りが苦手なひとは、話を聞きながら要点を綺麗にまとめようとしすぎる傾向があります。

結果、情報を聞き漏らすか、会話のスピードにメモがついていかず、中途半端なメモになるというパターンに陥ります。綺麗なメモになったとしても、情報の時系列がつかみにくいなど、メモの機能としては今ひとつのものになりがちです。

メモを取ることは、自分の記憶力をサポートするといういわば、外部メモリーのような役割です、綺麗に整理しすぎることは、メモをとることが目的になってしまいます。

メモはあくまでもインスタントなものです、まず話を聞くことに注力し、重要な情報を漏らさないことをまず心がけましょう。

●メモは単語を時系列に書くだけでよい

メモに書いた内容は、重要な情報だけまとめて、別のノートに書き写すようにしましょう。

ですので、メモを取る段階では、綺麗にまとめようとせず、とりあえず重要な情報に関連するキーワードを会話の時系列で書いていくだけでよいのです。

記憶力に自信がない人は、会話が終わった後できるだけすぐに、メモの要点を簡単にまとめる作業をしておくと効果的です。

このように考えると、話を聞きながらメモを取るということが、思いのほかシンプルであることに気づきます。

清書をするのはあとでよいのです。あくまでもあとで確認したときに思い出すことができるようなメモづくりを意識しましょう。

06

ノートは1案件1ページ

インデックスをつけて検索しやすいようにする

ノートをケチってぎっしり書く人がいますが、これも書くことに満足してしまっているケースが多いように思われます。

ノートは思い切って「1案件1ページ」にしましょう。あとで確認するときに見やすく、機能的ものにすることが重要なのです。

いちばん見やすいノートの作り方は、「1案件1ページ」にして、さらにインデックスシールを貼っていくという方法です。

これは確認したい項目を探す時間と手間が省けるので非常に効果的です。

インデックスには日付より、「○○企画」のように、仕事の内容を要約した一言にしておくと、そこに何が書かれているのか分かりやすくなります。

1ページ1案件+インデックスで見やすく

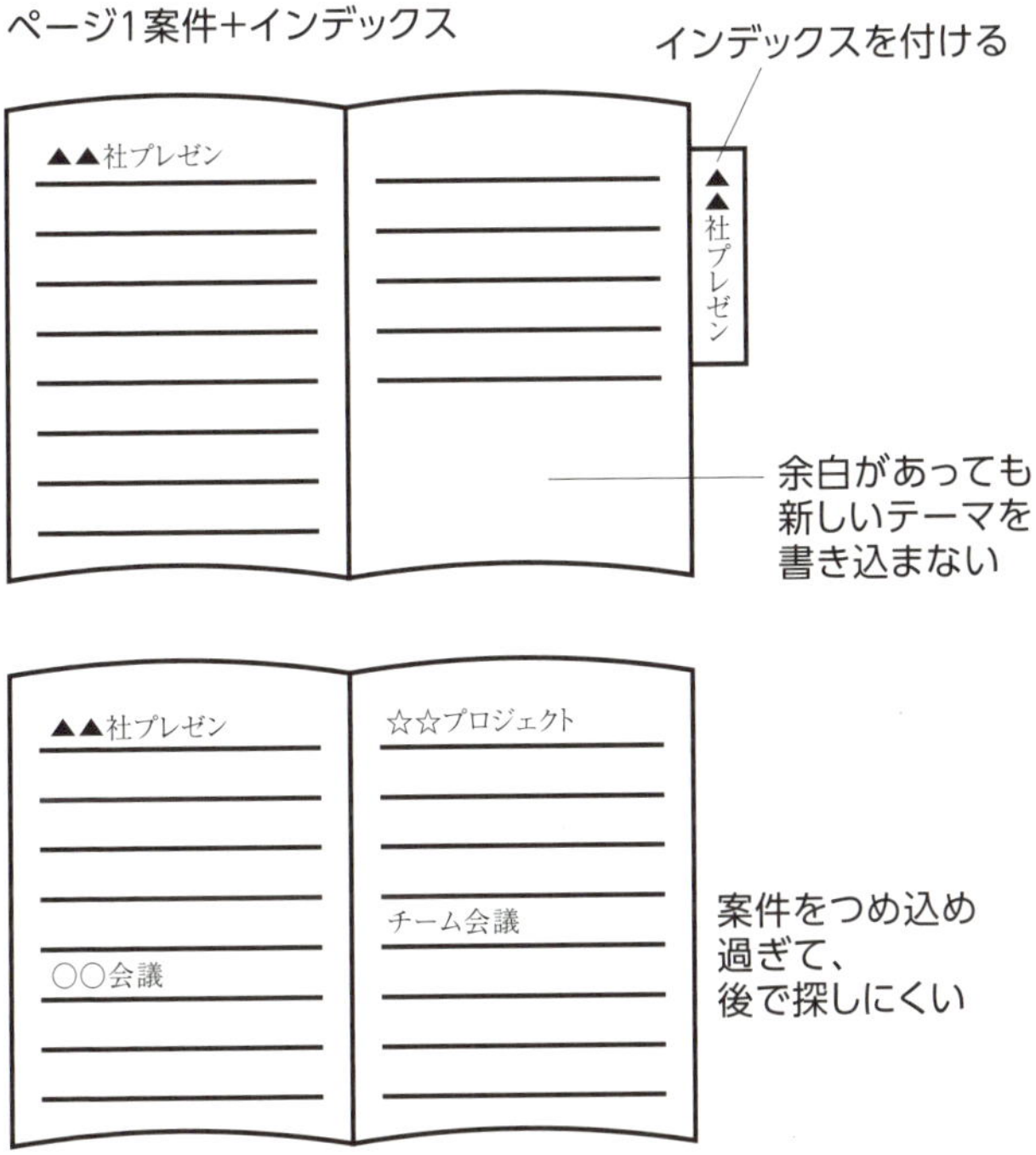

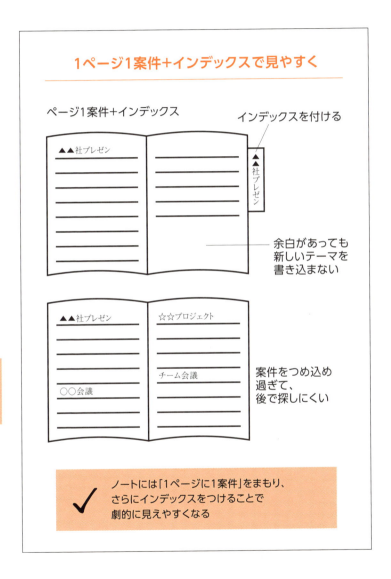

ノートには「1ページに1案件」をまもり、
さらにインデックスをつけることで
劇的に見えやすくなる

07

どこでも書けるリング式ヨコ型方眼ノートを活用

場所、時間を問わず自由に書けるものを選ぶ

とっさにノートやメモを取るときに重宝するのは、「いつでも、どこでも書ける」ということです。「使える」ノートを選ぶようにしましょう。

●ビジネス用に最適な「リング式横型方眼ノート」

ノートにこだわりがない人は、「リング式のヨコ方方眼ノート」選んでみてください。サイズはＡ４以上のサイズが望ましいです。

まず、方眼を選ぶ理由は、イラストが描きやすいことです。言葉で表現できないことは、ささっとイラストを描いておくと内容がより分かりやすくなります。

ヨコ型がよいのは、開くと一目で全体がパッと目に入ってきやすいためです。比べて、タテ型は情報を上から目で追わなければなりません。これは、パソコンやテレビのモニタがヨコ型になっているのと同じような理由です。

ノートはリング式ヨコ方眼タイプを選ぶ

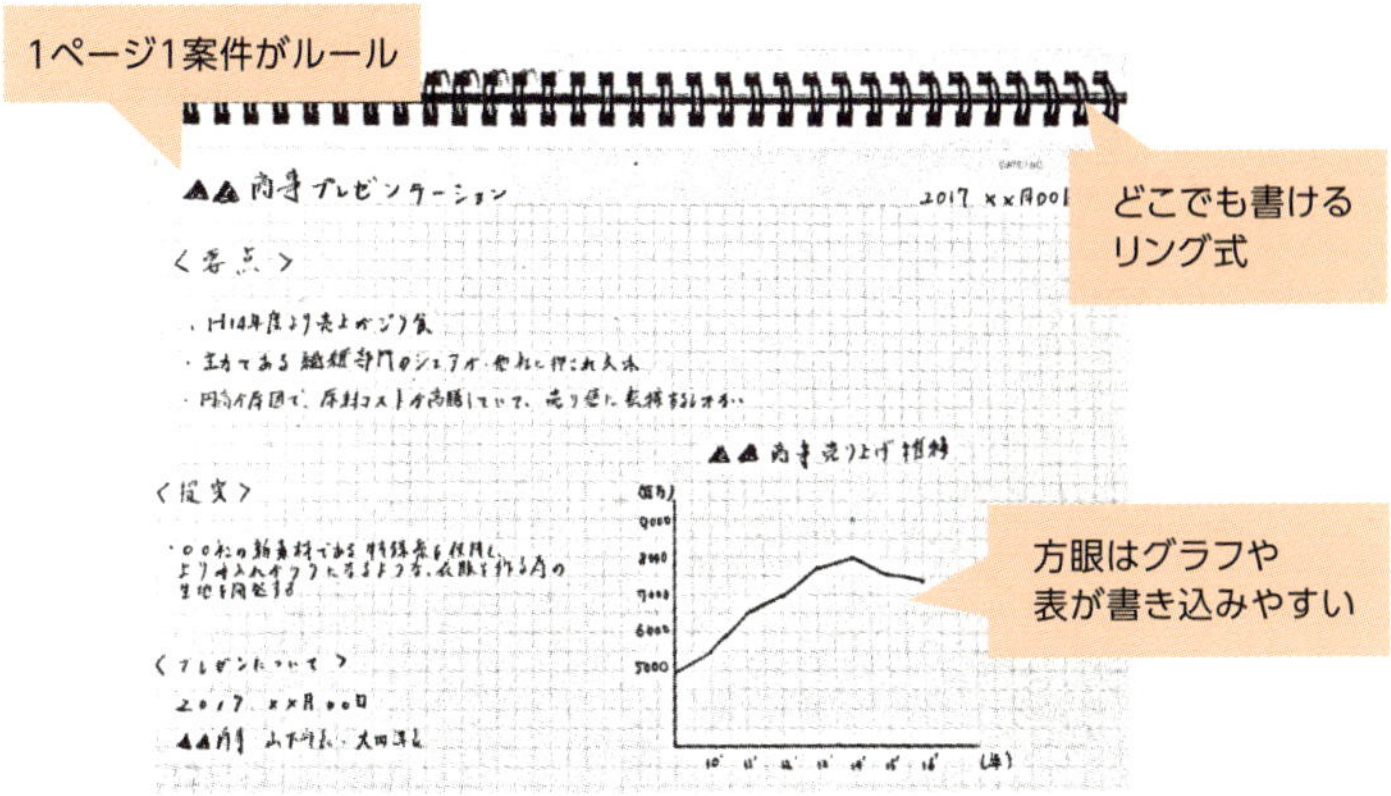
1ページ1案件がルール
どこでも書ける
リング式
方眼はグラフや
表が書き込みやすい

リング式の利点は場所を問わずどこでも書けるということです。

電車や、狭い場所でノートを取らなければならないときでも、折り目が邪魔になることなく記入することができます。

とくにカバーがハードタイプのものを選ぶと、下が平面でなくてもしっかり書くことができるので便利です。

ほかにも、リング式横型ノートは、描いた内容をそのままパワーポイントのラフとしても活用できたりと、まさにビジネス向けといえます。

いままで、なんとなくノートを選んでいた人は、一度試してみてください。

08 時間と段取りの管理は手帳で行う

段取り上手は手帳を上手く使う

段取り上手な人は手帳の管理が上手なものです。サッと手帳を開くと、予定が綺麗に整理されており、一目でスケジュールが分かるようになっています

この本を手に取った人の中にも、手帳をうまく使いこなせたらと考えている人は多いのではないでしょうか。

我流で手帳を上手につかいこなすようになるのはなかなか難しいものですが、少しの工夫で、手帳管理術を改善することができます。

まず最初に、手帳の選び方が肝心です。

手帳はさまざまな種類が売られているため、なんとなくデザインで選んでしまいがちですが、選び方一つで手帳管理がラクになります。

手帳のスケジュールタイプは、人によって相性がありますが、週間タイプを選びましょ

手帳はウイークリーのバーチカルタイプを選ぶ

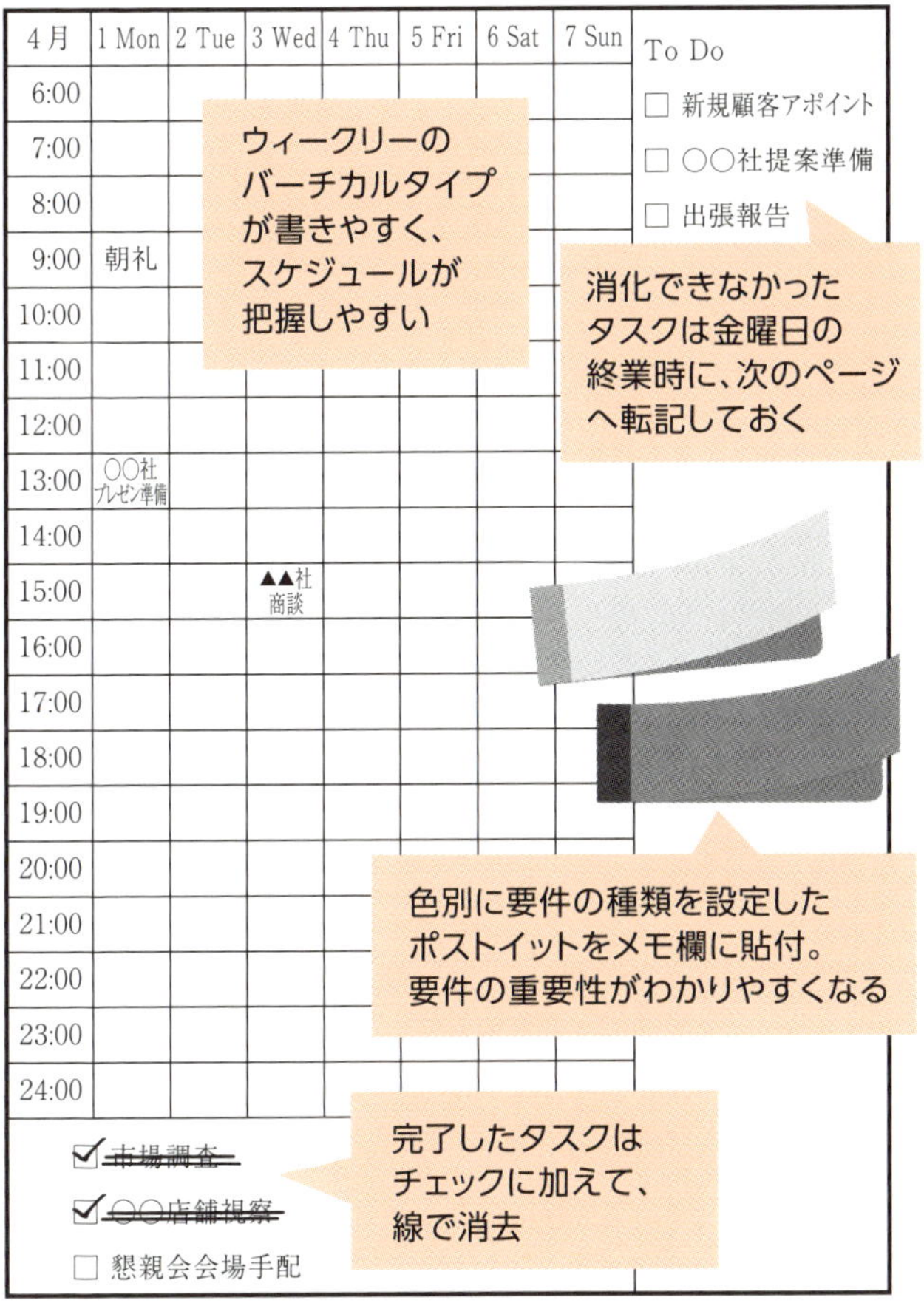
4月
1 Mon
2 Tue
3 Wed
4 Thu
5 Fri
6 Sat
7 Sun
6:00
7:00
8:00
9:00
10:00
11:00
12:00
13:00
14:00
15:00
16:00
17:00
18:00
19:00
20:00
21:00
22:00
23:00
24:00
朝礼
○○社プレゼン準備
▲▲社商談
To Do
□ 新規顧客アポイント
□ ○○社提案準備
□ 出張報告
☑ 市場調査
☑ ○○店舗視察
□ 懇親会会場手配
ウィークリーのバーチカルタイプが書きやすく、スケジュールが把握しやすい
消化できなかったタスクは金曜日の終業時に、次のページへ転記しておく
色別に要件の種類を設定したポストイットをメモ欄に貼付。要件の重要性がわかりやすくなる
完了したタスクはチェックに加えて、線で消去

う。

これは、週間でスケジュールを確認すると仕事の管理がしやすいためです。

また、ヨコ型（バーチカルタイプ）を選ぶと、一週間分のスケジュールが一目で確認できるため便利です。タテ型（ホリゾンタイプ）は比較的たっぷり書き込めるという利点がありますが、スケジュールを俯瞰するには少し使いにくいというデメリットがあります。

●ポストイットで記入範囲をカバー

手帳はボロボロになるまで使いこなすという意気込みが大事です。

そのため、スケジュールは漏らすことなくしっかり書き込みましょう。

ただ、どうしても余白が足りないという人には、ポストイットの使用をオススメします。百均などでも販売しているのですぐ手に入れることができるうえ、3～4色のものを用意し、緊急度や仕事の種類別に分けておくと非常に便利です。

また、貼ったり剥がしたりできるため、予定の変更がおこりがちなスケジュールの管理にも、手帳を汚すことなく対応することができます。

09 アイデアが思い浮かんだら片っ端から書き出す

ビジネスチャンスを逃さないようにする

「これはいいアイデアだ！」と頭に浮かんでも、話しかけられるだけで忘れてしまうのが人間です。

ですので、思いついたアイデアは「大至急、片っ端から書く」が鉄則です。

「忘れるアイデアなんてその程度のもの」と軽く考えず、アイデアひとつで仕事が劇的に変わるという緊張感を持つことが大切です。

そのために、メモやノートは常時携帯しておきましょう。

●アイデア専用ノートは広々書けるものを

ノートに書き込む段階で、アイデアの良し悪しを考える必要はありません。

とにかく、思いついた順に書いていくだけでよいのです。

あとでアイデアを整理するための専用ノートを別に作成しておくことをおすすめします

アイデア専用ノートの書き方

2017年 XX月XX日

●売上げを前年度120% アップさせるには

冒頭にテーマを書いたら
あとは、アイデアを思いついた
順番に記入していく

一日5件客先を訪問する
オンラインマーケティングの強化
他社とのコラボレーション企画
……………………………………………………
……………………………………………………

✓ 元々あったアイデアと新たに思い浮かんだアイデアが組み合わさり、まったく新しいアイデアが生まれることもある。いつでも書き足せるようにノートはたっぷり広く使うようにしよう。

が、一時的に書き留めておいたアイデアを、この専用ノートに転記するときに、取捨選択すればよいのです。

ノートはできるだけ広々とつかえるものを選ぶようにしましょう。

アイデアとアイデアが連結して新しいものが生み出されることもよくあります。

そういったときに、ノートに余白があるとどんどんアイデアを書き広げることができるからです。

「鉄は熱いうちに打て」です。

アイデアを仕事に活かすことのできるようなノートの活用を心がけましょう。

第７章

【整理編】知ってるようで知らない紙ファイルの使い方

01

大事な書類は控えを取ってから送る

書類の紛失リスクを最小限に抑える

大事な書類を郵送などで取引先に送るときは、必ず控えを取っておきましょう。もし、輸送途中や、取引先のオフィスで書類を紛失したときに、控えがあればそれで対応できるからです。

また、書類が自分の手元を離れてから、内容の訂正や、確認の必要が生じた場合も、手元に控えがないと、取引先にコピーを頼むという迷惑をかけてしまいます。

ＵＳＢなどでデータを保存している場合は、ＰＣ本体か外付ドライブにバックアップを取っておく必要があります。ＵＳＢなどの小さいメディアは、割れたり壊れたり無くしたり、データが読み込めない等アクシデントが想像以上に多いものです。

ＣＤやＤＶＤはまだマシですが、書き込み作業にちょっと手間を感じます。控えの確認が必要になった時を考えると、やはりＰＣか外付けドライブが良さそうです。

●輸送方法にも注意する

書類を取引先に送る場合の輸送方法にはさまざまなものがあります。

一番オーソドックスなのが郵便ですが、普通郵便は追跡ができないので避けましょう。止むを得ない事情で、郵便を使う場合は、せめて追跡機能があるゆうパックや、レターパックを使用するべきです。

さらに念を押すのなら、集荷のあるヤマト運輸などの大手運送会社から、信頼のできる業者を一つ決めておくのもよいでしょう。

大手運送会社の利点は、やはりスピード感です。

たとえば東京~大阪だと、受付時間によっては、翌日の午前中に届けることも可能です。また、問い合わせ番号が手元にあれば、荷物が今どこにあるかの確認が、ネット上ですぐできます。紛失補償の付き方など、サポート対応も含め業者を選定してください。

ほんの少しのことで大きなリスクを回避できるので、面倒臭がらず控えは取っておくようにしてください。

02 裏紙はコピーでなくメモにつかう

A4の裏紙はアイデアを書き出すのに最適

エコや節約の点から、裏紙をコピーに使うケースは日常的なことです。

しかし、裏紙でコピーを取り、取引先にFAXしたところ、裏表を間違って大変なことになったという経験はないでしょうか。

また、意外と知られていないことに、裏紙というのはコピー機に詰まりやすいのです。紙は一度コピーすることで、熱が加えられるので品質が変化します。そのうえ、静電気の帯び方も変わってくるため、トナーに巻きつきやすく、コピー機が故障する原因にもなるのです。

このように、裏紙をコピー用紙として使うのはリスクが高く、あまりおすすめできません。

とはいえ、捨てるのはもったいないという人は、メモとして活用してみてはどうでしょうか。

●裏紙は考えをまとめるメモとして活用

仕事で主に使われているA4サイズのコピー紙は、考えをまとめるメモとしては最適です。

仕事で壁にぶつかり、前に進まないときや、早急に解決策を考えなければならないときなどは、あれこれと思い浮かんだことをすぐに書き出したいものですが、裏紙なら気兼ねせず量を使うことができます。

また、箇条書きであれ、図を描くのであれ、紙を横使いすると、全体が一目で見れるので、より考えがまとまりやすくなります。

もう一つの使い方は、裏紙を4等分して、連絡用のメモにする方法です。

裏紙を重ねて、カッターナイフで4等分したあと、そのまま一辺だけボンドなどで、糊付けすると、あっというまにメモパッドとして利用できます。

保存しておく必要のない内容を書くときに、新品のノートはもったいないので、裏紙をどんどん利用しましょう。資源のムダも抑えることができ、一石二鳥です。

03

書類は30日経ったら捨てる

書類は期日どおりにきっぱり捨てる

オフィスワークをしていると、とにかく書類がたまってきます。とくに「捨てられない人」のデスクは常に書類の山。これではどこになにがあるかもわからず、ものを探すことに時間を奪われ、仕事に支障が出てしまいます。

そんな書類整理の対策として、まず処分を前提とした厳格なルールを設定しておくことが有効です。

つまり期日がきたら、不要な書類は必ず捨てると決めておくことで、書類がたまりにくくなります。

●捨てる期日をできるだけ具体的に

書類は重要度を基準に、「30日経ったら捨てる」など、できるだけ具体的な期日を決めて処分するようにしましょう。

また、重要度の分別が明確な場合は、「30日、3ヶ月、1年」と数回に分けて書類を処分しても構いません。

「捨てられない人」は、情が強く、なにかと意味をつけて捨てることができないようです。「きっと後になって必要なときがくるはず」「あの仕事は成功したから記念にこの書類は捨てないでおこう」などと考え、引き出しの奥にいつまでも眠ったままということも少なくありません。

しかし、オフィスでは無駄なものはできるだけ排除して、集中できる環境づくりに努めるべきです。

基本的に、30日間使わなかった書類は、処分してもあとで困るということはまずありません。躊躇なく処分して、デスクも、頭の中もスッキリさせましょう。

04

捨てられない書類はパソコンに収納

データ化してデスクスペースを確保する

前項で書類整理のルール化について説明しましたが、分類する時点で捨ててよいものかどうか、すぐに判断できない書類もあるかとと思います。

こういうときは、写真を撮るか、スキャンするなどして、データ化した上でPCに保管しておくと、デスク周りがスッキリして、より多くのワークスペースが確保できます。

●たまにしか閲覧しないものは無条件でデータ化する

参加したセミナーの資料や、OA機器のマニュアルなど、頻繁に使わない書類は即データ化しましょう。

この類は分厚いものが多く、全てをスキャンしていたのでは時間がかかりますので、必要な情報だけ抜き出してデータ化しておくとよいでしょう。

閲覧回数の少ない書類はどんどんデータ化する

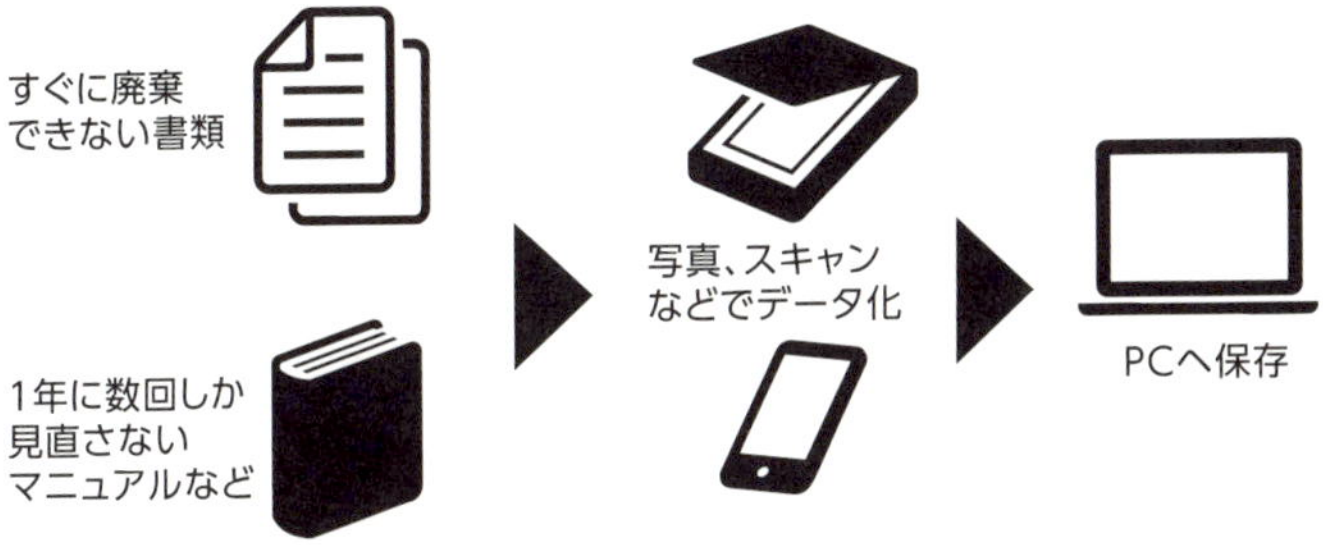

✓ 見る頻度が少ないものの、廃棄できない書類などは
スキャナやカメラでデータ化して保存する

注意しておきたいのは、データ化してＰＣに保存したあとも、必要なときにすぐ書類を取り出せるように整理するということです。

くれぐれも、大事な書類がＰＣ上で迷子になるということは避けましょう。

また、最近ではスマートフォンのアプリに、スキャン機能がついたものがあります。性能もなかなかのもので、書類だけを自動認識して綺麗にデータ化してくれます。

冊子の資料は、コピー機でスキャンすると時間がかかりますので、ぜひ使ってみてください。

05

どこに何があるか、すべてのモノの定位置を決める

モノの出し入れに考える時間を奪われない

業務のスピードを妨げる一番の敵は、「モノを探す」ことです。

なにかしようとするたびに、必要なモノがすぐに出てこず、探し物に時間を奪われて、仕事が前に進まないというケースに陥ってしまいます。

整理はなにか難しいスキルと思われがちですが、「出したモノはもとの場所に置く」という基本的なことを守るだけでよいのです。

実際、整理が苦手な人に多いのは、モノを置く場所、戻す場所が流動的である傾向にあります。

この対策はズバリ、はじめからデスクの上に置くモノの「定位置」を決めるということです。

そして、あとは使ったら定位置にもどす。そうすると、モノを探すムダのみならず、どこに置くかをその都度考える必要がなくなります。

●重要なものは目に見える範囲に

仕事の効率を考えた場合、デスクの上をただ綺麗に整理するだけでなく、どこになにを置くのかをしっかり考えるべきです。

たとえば、よく使うモノはすぐに取り出しやすいように一番目立つところに置くとそれだけで時間のロスを抑えることができます。

反対に、あまり使わないモノは引き出しに収納しておくなど、自分の仕事パターンを考えて、それにあったデスクのレイアウトを決めると、仕事の効率性が劇的に向上するでしょう。

整理の目的は、いかに仕事以外のことに時間を奪われないようにするかということです。すべてのモノの位置をあらかじめ決めておくことが、スムーズな仕事運びにつながりますので、「定位置」意識して整理をしてみてください。

レイアウトの固定が仕事を早める

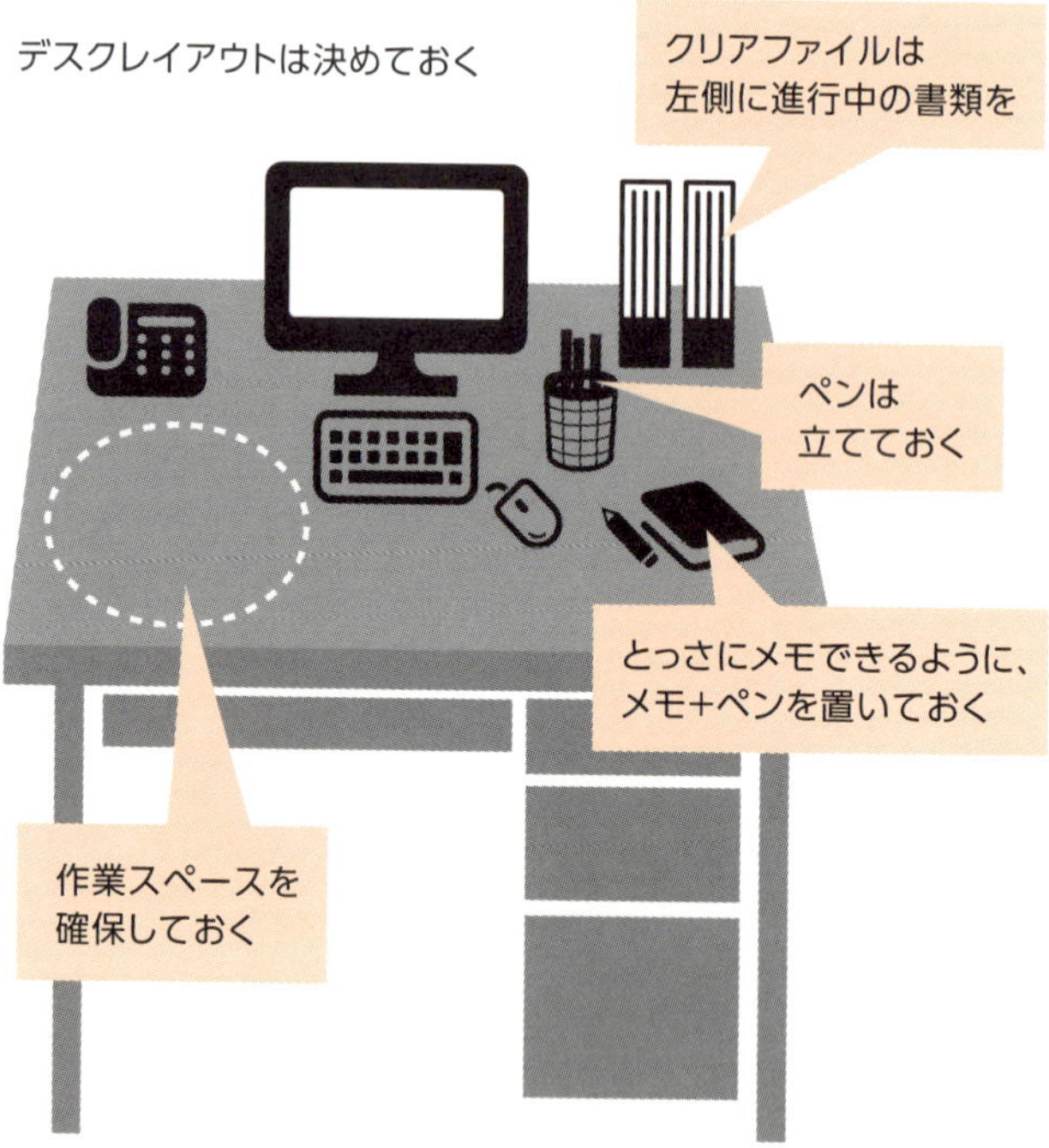
デスクレイアウトは決めておく
クリアファイルは
左側に進行中の書類を
ペンは
立てておく
とっさにメモできるように、
メモ+ペンを置いておく
作業スペースを
確保しておく

✓ 使ったものは、必ず元の位置に戻すということをルール化する

06 頻度によって収納場所を決める

使うものであればあるほど取り出しやすいように

ファイル、書類など、時間が経つにつれてどんどんたまっていくものについては、「使用頻度」によって、収納場所を決めておくとスッキリします。

時系列で整理すると、日付を把握していれば取り出しやすいのですが、古いものでも頻繁に使用する場合、取り出しに苦労します。

そこで、一番よく使うものをデスク上の棚へ保管し、その次によく使うものは引き出しの一番上という具合に、頻度に合わせて配置を最適化すると、作業上のムダを減らすことができます。

また、使用頻度の低いものをかためて保管しておくと、捨てるときに分類が楽というメリットもあります。

書類整理は時系列より頻度を基準にする

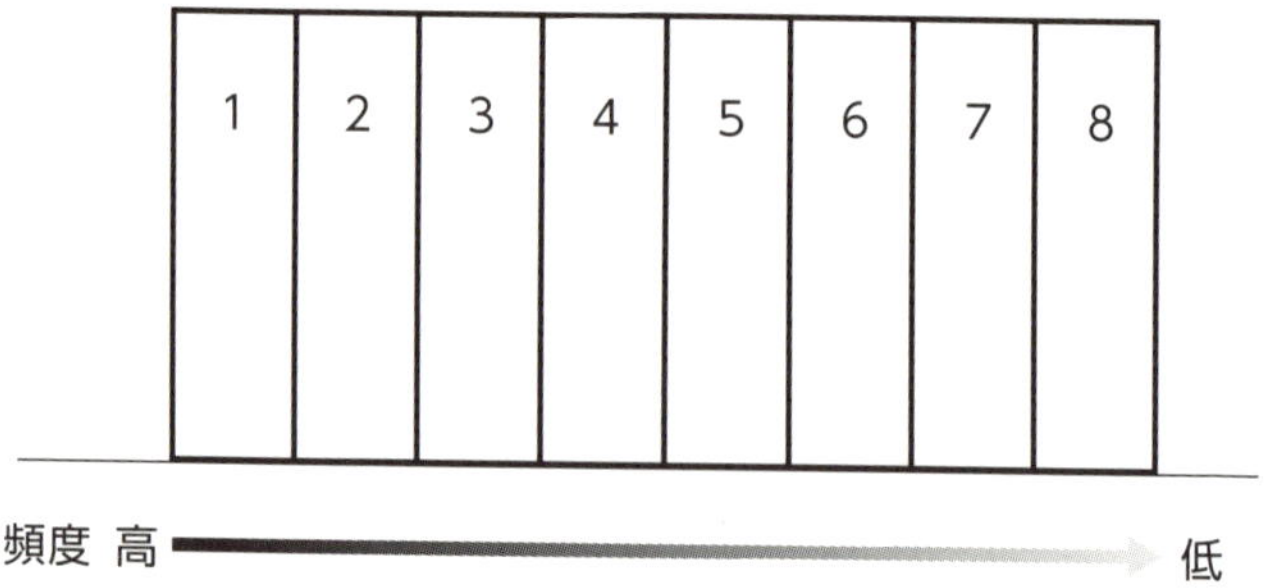

✓ 書類などを整理するときは頻度の高い順に並べる

●インデックスをつけてさらに取り出しやすく

ファイルにインデックスをつけておくと、さらに取り出しやすくなり効率的です。

ＰＣのデスクトップ上では、フォルダに名前がついているため、なかにどういったデータが入っているのかわかります。

これと同様に、仕事に関する書類など、時系列の属性があるものを整理するときに、インデックスがついていると、収納が非常に楽です。

使いたいものをいつでもスムーズに出し入れできることが、作業の効率化につながります。

一度整理方法を見直してみてください。

07 よく使うものは立てておくことで取り出しやすくする

デスクのスペースをとことん有効利用する

片付けで意外と多いのが、「置き場所」を決めていても、「置き方」をあまり考えないケースです。

とくによくあるのが、積み重ねておいてしまうことで、取り出しにくくなるケースです。

この場合、必要なものを探すたびに、積み重なった書類やファイルの山をかき分けるということになってしまいます。

ものは立てておくと、必要なときにすぐに使えるだけでなく、横におくよりも少ないスペースで配置できます。

たとえばデスクトップ型パソコンのＨＤＤも縦型のものと横型のものがありますが、前者の方がデスクがスッキリとします。

また、ペンなどの文具も筆箱に入れたままにせず、よく使うものであればあるほど、ペン立てなどに立てておくようにしましょう。

●引き出しのなかも同様に立てておく

引き出しを一時退避に使う場合も、最低限立てて収納するようにしてください。

とくに一番下の引き出しは深いため、ファイルや書類をつい重ねて置いてしまいがちです。

そこで、ブックエンドなどのツールも利用しながら、背表紙に内容を記入したうえで立てて置くようにしておきましょう。

引き出しを一時退避に使うのはよいのですが、積み重ねて置きっ放しでは、後で整理するときに、捨ててよいものと、そうでないものの分類が大変です。

同じデスクでも、レイアウトやものの置き方次第で大きく変わってきます。

デスクの上はできる限りスッキリさせることで、集中しやすい環境づくりを目指してください。

08 金曜日の終業時に不要な書類を廃棄する

週明けを清々しい気持ちで迎えるために

整理することは、仕事の効率にとってよい影響を及ぼすだけでなく、気持ちをスッキリさせて、ストレスを軽減する効果もあります。

休みを挟んだ月曜日は、ただでさえ仕事モードへの切り替えがなかなか難しいものですが、出社してデスクが乱雑だと、余計やる気を失ってしまいます。

新たな気持ちで仕事に取り組むためにも、金曜日の終業時に整理をしておくことが大切です。

月曜日の気持ちをげんなりさせる書類の山は、決して次週に持ち込まないよう、分別して、不要なものは金曜日の終業時に捨てておきましょう。

●一週間に一回の整理が脳への負荷を減らす

よほどのきれい好きならともかく、自分から頻繁に整理をするのはなかなか難しく、少しでも油断するとあっという間にデスクが汚くなってしまいます。

そして、デスクが散らかれば散らかるほど、整理をしようと気がなくなります。

毎週一回整理することを決めておくと、整理を継続しやすいというメリットもあります。

散らかった状態を整理するより、片付けやすい状態を整理するほうがやる気がでます。

手の付けられないほど散らかった状態を目の前にすると、気持ちがより萎えてしまうのです。

金曜日の終業チャイムが鳴ったら、自動的に整理を始められるようになります。

また多少散らかっても、常時片付けやすい状態に保たれているはずです。

整理をルーティン化することが、デスク周りを清潔に保つポイントです。

手のつけようがなくなるほど汚くなるまえに、整理する癖をつけるようにしましょう。

09 MYゴミ箱に捨てる予定のものを集めておく

間違って捨ててしまうのが怖い人に

「断捨離ブーム」といわれる現在、「迷ったら捨てる」というセオリーを、テレビや書籍でたびたび目にします。

私も迷ったら捨てる派なのですが、それでもごくまれに、「捨てなかったらよかったな」と後悔することはあります。

実際に、必要なものまで捨ててしまうので、思い切って捨てることができないという人もいるのではないでしょうか。

その「もしも」を防ぐために、「MYゴミ箱」をつくっておきましょう。

●捨てるものを一時保留させる「MYゴミ箱」

たとえば、PC上でファイルを完全に削除するためには、まず対象ファイルを「ゴミ箱」にいれ、さらに「ゴミ箱を空にする」という二段階の作業が必要です。

デスクにMYゴミ箱を設置

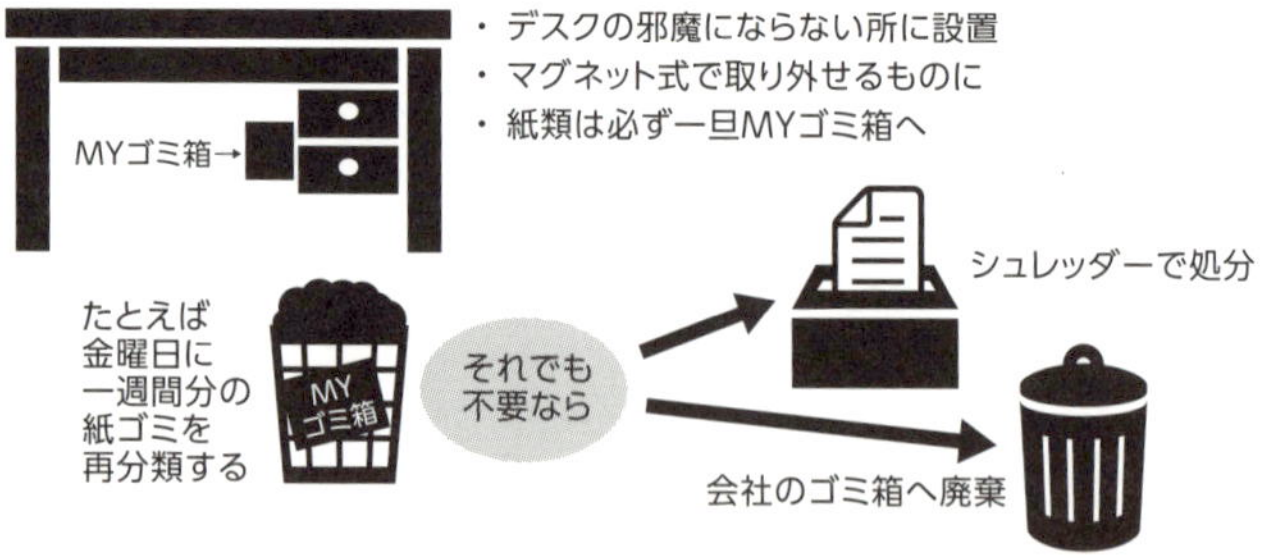

・デスクの邪魔にならない所に設置
・マグネット式で取り外せるものに
・紙類は必ず一旦MYゴミ箱へ
MYゴミ箱→
シュレッダーで処分
たとえば
金曜日に
一週間分の
紙ゴミを
再分類する
MY
ゴミ箱
それでも
不要なら
会社のゴミ箱へ廃棄

大事な領収書や書類を誤って捨ててしまわないように、
紙類は一度「MYゴミ箱」へ。
一定期間過ぎると、再分類した上で、本当に要らないものは
シュレッダーにかけるか、会社のゴミ箱へ破棄する

一見面倒に思えるかもしれませんが、意外とこのシステムに助けられた人は多いのではないでしょうか。

「MYゴミ箱」もこれと全くおなじ考え方で、必要なものまで誤って捨ててしまわないための、フィルター的役割をもつ工夫です。

「MYゴミ箱」に入れて置いたゴミは、週末に中身を再度確認してから、会社のゴミ箱に捨てるようにしてください。

完全に捨ててしまうまでに、一度チェックする体制をつくっておくことが、「迷わず捨てる」を可能にします。

10 色ペンは役割を設定して最大4色まで

ノートをより機能的にするために

書類を整理するときは、要点がわかりやすいように、ポイント箇所に色ペンでマーキングしておくと効果的です。

こうしておくと、知りたい情報をピンポイントで探すことができるため、時間をより短縮できるのです。

ただし、色ペンの使い方には少々注意が必要です。

●色ペンの4色にそれぞれ意味を持たせる

重要箇所にマーキングするまではよいのですが、たまたま手元にあったペンを使うと、色がバラバラで、後で見返したときに混乱を招きます。

ですので、色ペンは最大4色までとし、それぞれの色別に、役割を設定するようにしましょう。

たとえば、赤は「重要な点」、青は「覚えるべき箇所」、緑は「その他備考」などと決めておくと、参照するときに便利です。

マーキングにはボールペンよりも蛍光ペンを使う方が、アンダーラインが目立ちます。

また、使いさしの文具がいくつもデスク上に散らばっていると、ペンが頻繁に落ちるなど作業の邪魔です。

4色のペンに黒のペンを加えた計5本以外のものは、デスク上に置かず、新しいものは前のものをしっかり使い切ってから出すようにしましょう。

集中しやすい環境づくりのためには「シンプル・イズ・ベスト」を意識することが大切です。

色ペンの使い方

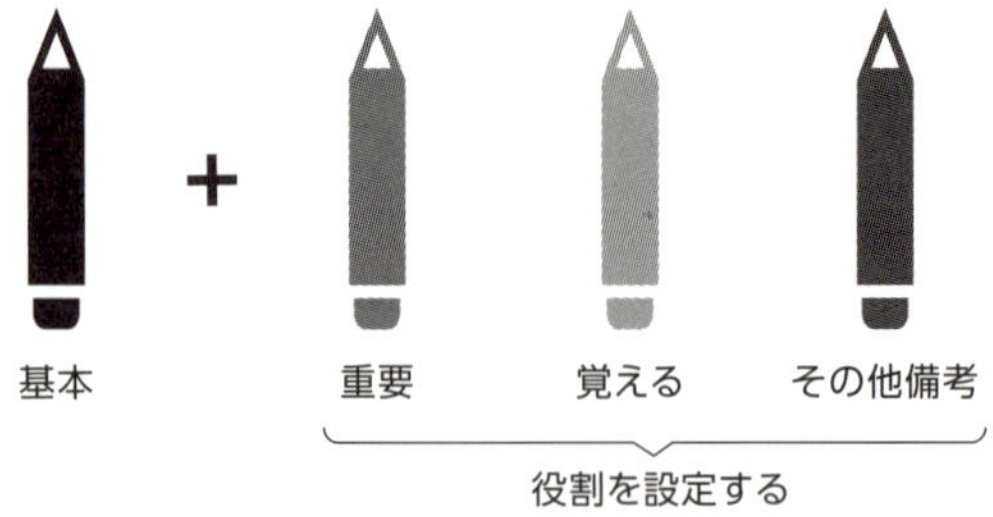

色ペンは「最大4色」までとし、黒ペンを加えた計5本以上のペンを、デスクの上に置かないようにする

第8章

【デジタル編】
デジタルツールを駆使して段取り力UP

01 パソコンのデータ整理は仕事の効率に影響大

整理されていないPCは余計仕事に時間がかかる

朝、出社していざパソコンを起動するやいなや、目に飛び込んでくる乱雑なデスクトップの画面は、清々しい朝も台無しにします。

オフィスでの作業はほとんどがPCを使うのがあたりまえの現在、作業するたびに10分も20分もファイル探しに時間を取られているようでは、PCの機能が台無しになってしまいます。

ただ、PCに慣れていない人にとっては、いったいどう整理してよいのかわからないという意見も多く聞かれます。

そこで、一目でここでは、効果的なフォルダ、ファイルの管理術を紹介します。

●フォルダはテーマ、ファイルには表記ルールを

整理が苦手な人は、フォルダとファイルに分類のルールを設けることから始めましょう。

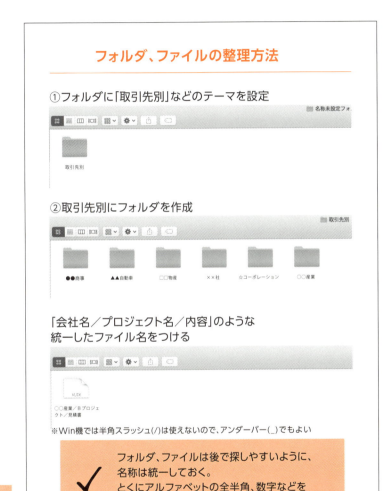

フォルダ、ファイルの整理方法

①フォルダに「取引先別」などのテーマを設定

②取引先別にフォルダを作成

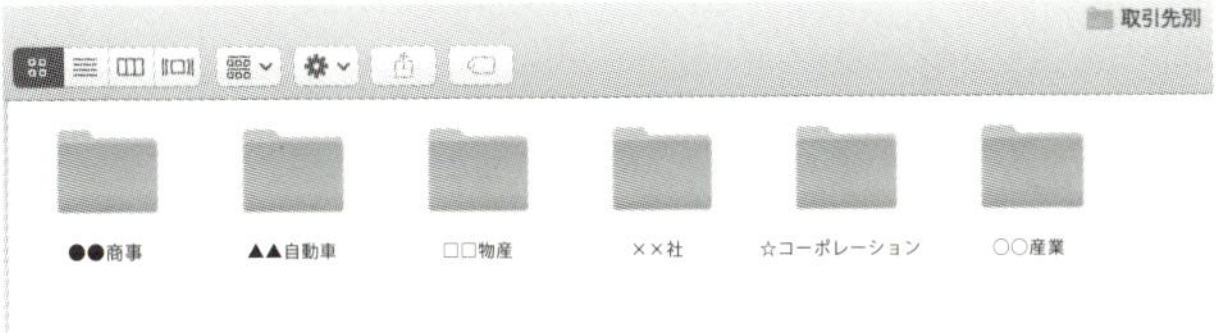

「会社名／プロジェクト名／内容」のような
統一したファイル名をつける

※Win機では半角スラッシュ(/)は使えないので、アンダーバー(_)でもよい

フォルダ、ファイルは後で探しやすいように、
名称は統一しておく。
とくにアルファベットの全半角、数字などを
間違えないように注意

まず、フォルダですが、テーマ別に名前をつけます。

たとえば、「取引先別」と大分類を設定しておいて、そのなかにさらに「○○社」「▲▲商事」のように会社別の小分類フォルダを設定しておくのです。

もし可能であれば、そのさらに下の階層に案件別に「日付」のフォルダをつくっておくとなお効率的です。


ファイルについても、「○○産業／Bプロジェクト／見積書・xls」のような表記ルールを決めておくとよいでしょう（ちなみにWindowsでは、半角のスラッシュ〈／〉はファイル名に使えません。全角だけです）。

あるファイルには日付、あるファイルには取引先と、名前が不統一だと検索にも引っかからず、膨大なファイルを探すことになり非効率です。

「1」とか「あ」「a」はやめておきましょう。「123」「あああ」もです。

また、アルファベットは全角、半角を統一するなど、注意して名前をつけるようにしましょう。

エクスプローラを使いやすい状態にしておけば、そのあとの管理がとてもラクになります。

02 ショートカット機能を使うだけで2時間短縮できる

マウスへ持ち替え不要の便利コマンド

デスクワークは大半がPCでの作業です。

言い換えると、PCのスキルが業務のスピードを左右するということです。

そこで、ぜひ覚えておきたいのが、よく使うショートカットキーを覚えてしまうことです。PCでの作業は繰り返しが多いので、キーボードに置いた手をマウスに持ちかえる手間がなくなるだけで、かなりの時短につながります。

たとえば、別画面の資料を参考にしながら、もう一つの画面で編集作業をしなければならないとき、ウィンドウをわざわざマウスで切り替えていては余計な時間と手間となるばかりです。

実際、このような方法で作業をしている人がほとんどではないでしょうか。

しかし、Windowsであれば、「Windowsキー＋左（右）」1クリックで、画面上に均等分割配置することができます。

こうしておくと、ウィンドウをわざわざ切り替えることなく作業ができるので、かなりの時間短縮につながるでしょう。

このほかにも、ショートカットキーはかなり多くの種類がありますが、すべて覚える必要はありません。

自分が作業をしていて、1クリックでコマンドできれば便利だと考えている、ショートカットキーのみを覚えて、活用すればよいでしょう。

左ページには、WindowsとMacの基本的なショートカットキーの一覧を掲載していますので、ぜひ覚えて、少しでも作業が早くなるようにぜひ活用してみてください。

連続で行うコマンドは、特に便利です。コピー&ペースト、切り取り&ペーストはもっとも使うセットですが、保存&閉じる、保存&切り替え、全選択&「Delete」キーなど、自分の使い方で当てはまるものを探してみましょう。

ショートカットを駆使して作業効率アップ

Windows ショートカットキー一覧

[スタート] メニューの表示と非表示	Windowsキー
デスクトップの表示	Windowsキー ＋ D
マイコンピュータを開く	Windowsキー ＋ E
開いている項目の切り替え	Alt ＋ Tab
項目を開いた順に切り替え	Alt ＋ Esc
全選択	Ctrl ＋ A
一部を選択（範囲の指定）	Shift ＋ ←/→/↑/↓
コピー	Ctrl ＋ C
切り取り	Ctrl ＋ X
ペースト	Ctrl ＋ V
元に戻す	Ctrl ＋ Z
ファイルの保存	Ctrl ＋ S
閉じる	Ctrl ＋ w
ファイル名、フォルダ名の変更	F2
入力中の文字をカタカナに変換	F7（全角）、F8（半角）

Mac ショートカットキー一覧

全選択	command ＋ a
検索	command ＋ f
印刷をする	command ＋ p
全画面を撮影する（スクリーンショット）	command ＋ shift ＋ 3
選択範囲を撮影する（スクリーンショット）	command ＋ shift ＋ 4
起動中のアプリケーションを切り替える	command ＋ tab
アプリケーションを終了する	command ＋ q
全ウィンドウを閉じる	command ＋ option ＋ w
コピー	command ＋ c
切り取り	command ＋ x
ペースト	command ＋ v
元に戻す	command ＋ z
ファイルの保存	command ＋ s
閉じる	command ＋ w

✓ ショートカットを覚えておくと
マウスに持ちかえる手間が省けるので
作業効率が劇的にアップする

03 バックアップはこまめにとって大事なデータを守る

意外と高いデータ消失のリスク

デジタルツールを使ったデータ管理の一番大きなリスクは、データがなんらかのトラブルで消えてしまうことです。

データ消失リスクを回避するために、やっておきたい対策は、

①デジタルツールは投資を惜しまず、新しいものに買い換える。

②ＥＸＣＥＬなどはデータ編集中に「Ｃｔｒｌ＋Ｓ」のショートカットでこまめに保存する。

③外付けＨＤＤなどを利用して、メインＰＣとは別にデータのバックアップを取っておく。

この３つを必ず押さえておきましょう。

まず、①について、もったいないからと古いパソコンをいつまでも使っている人がいますが、老朽化したパソコンはフリーズしたり、データが消失するリスクが高くなります。

デジタルツールの老朽化ほど害悪なことはありません。ケチらずに新しいものに買い換えておきましょう。

②について、データの編集中にパソコンがフリーズして強制終了ということになると、せっかくのデータが台無しになってしまいます。ある程度作業を進めたら、「Ｃｔｒｌ＋Ｓ」のショートカットでこまめに上書き保存するようにしましょう。

最後に、③についてては、メインのＰＣにある重要なデータを、フラッシュメモリや外付けＨＤＤなどの外部デバイスに複製しておきます。

メインＰＣのデータが万が一消失した場合は、バックアップしておいた外部デバイスを接続して、データをメインＰＣに移すだけです。

また、最近ではＧｏｏｇｌｅドライブなど、手軽に使えるオンラインストレージサービスも普及していますので、それらを利用するのも一つの手です。

デジタルツールのデメリットは、バックアップをこまめにするなどして、カバーしていくようにしましょう。

04

クラウドを使ってどこでも仕事ができるようにする

最先端のクラウドを使いこなして効率化アップ

今、ビジネスツールとしても注目されているクラウドサービス。

クラウドサービスとは具体的にサーバー上のスペースをユーザーが利用して、データのアップデート、ダウンロードなどが自由にできるというものです。

とくに、Ｇｏｏｇｌｅなどが提供しているオンラインクラウドサービスは、すぐに始められる上、低コストで導入できます。

ストレージの買い足しもできるため、容量が不足で使えないということもありません。

ビジネスで活躍するクラウドの特性は、編集済みデータをメールで送るのとは違い、データをクラウドにアップロードすることで、他の人と共有できるということです。

チームプロジェクトなど、一つの仕事を複数の人間で分担しておこなうケースなどには最適のサービスといえます。

もう一つ大きなメリットは、社内のみならずどこからでもデータにアクセスできること

オンラインクラウドサービスは
手軽に導入できて便利

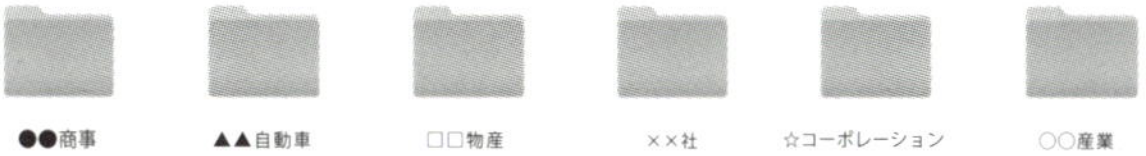

会社PCのフォルダやファイルを
ドラッグアンドドロップでストレージに移動

○○産業／Bプロジェクト／見積書

✓ Googleドライブなどのオンラインストレージサービスを使えば、ファイルにどこからでもアクセスできるほか、ほかのメンバーとの共有も可能。
また、バックアップとしても使用することができるので便利だ。ただし、容量を増やすには料金がかかるので注意が必要

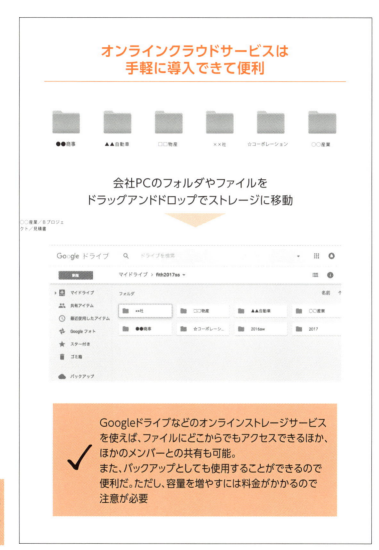

です。

つまり、ＰＣやタブレットなどのデジタルツールとネット環境さえあれば、出勤や出張の空き時間を使って、場所を選ばず仕事ができるのです。

●クラウドサービスの賢い選び方

クラウドサービスは、社内サーバー不要で、バックアップとしての利用や、データの共有ができるなど、いいことずくめに思われますが、やはりデメリットもみられます。

まず、オンラインを介しての利用となるので、セキュリティに注意を払わなければなりません。セキュリティソフトを導入するなどの対策が必要です。

また、サービスによってはストレージが一杯になると、課金が発生するケースもあるので、注意が必要です。どのくらいデータを使うのかあらかじめ見積もっておきましょう。

出先で使用する場合、ＬＴＥ／４Ｇ回線やモバイルＷｉ-Ｆｉの容量上限には気をつけてください。容量制限がある場合、大きな容量のデータをアップロード、ダウンロードをするとすぐに容量制限がかかってしまい、作業再開まで時間がかかってしまいます。

容量無制限のＷｉ-Ｆｉルータを用意しておくとなお便利です。

05 社内で一目置かれるEXCELの裏技

意外と知られていないEXCELの強力時短術①

どこの会社でも使われているEXCELソフトは、本来の表計算機能としての域を超えるほど、色々な用途で使われています。それだけに、スキルの有無で仕事のスピードに大きな差が出るソフトウェアだといえます。

そのEXCELでまず押さえておきたいのはショートカット。難しくないにも関わらず、あまり知られていないキーがいくつか存在します。知らなかった人は、これらを使うだけで、上司に提出する資料の作成が格段に早くなり、周りから驚かれることでしょう。

●5つの裏技コマンドをマスター

①セルの書式設定は「Ctrl＋1」で出す。

セルの書式設定は頻繁に使うコマンドですが、その都度キーボードからマウスに持ち替えてツールバーの書式設定をクリックする必要はなく、「Ctrl＋1」を押すだけで書式設定のポップアップが出てきます。

②「Ｃｔｒｌ＋十字」でデータの切れ目まで飛ぶ。

入力セルの数が多い場合、データの切れ目までマウスカーソルをつかってスクロールするのが大変ですが、このコマンドをつかえば、一気にデータの最後まで飛んでくれます。

③「Ｆ４」で同じコマンドを繰り返す。

前のコマンドを反復したい場合は「Ｆ４」を押すだけでＯＫ。たとえば、あるセルの色を赤にしたばあい、次のセルで「Ｆ４」を押すと同じく赤になります。

④「Ｆ２」で一発編集モードに。

セルの編集をするとき、わざわざマウスを持ち替えてクリックするのが一般的なやり方でしょうが、「Ｆ２」を押すだけでキーボードから手を離すことなくセルを編集することができます。

⑤「Ｆ９」で再計算してくれる。

ＥＸＣＥＬで表計算をするとき、データが多いと、一部修正前の計算のまま提出してしまう可能性があります。

ショートカット活用でEXCELの作業をグッと楽にする

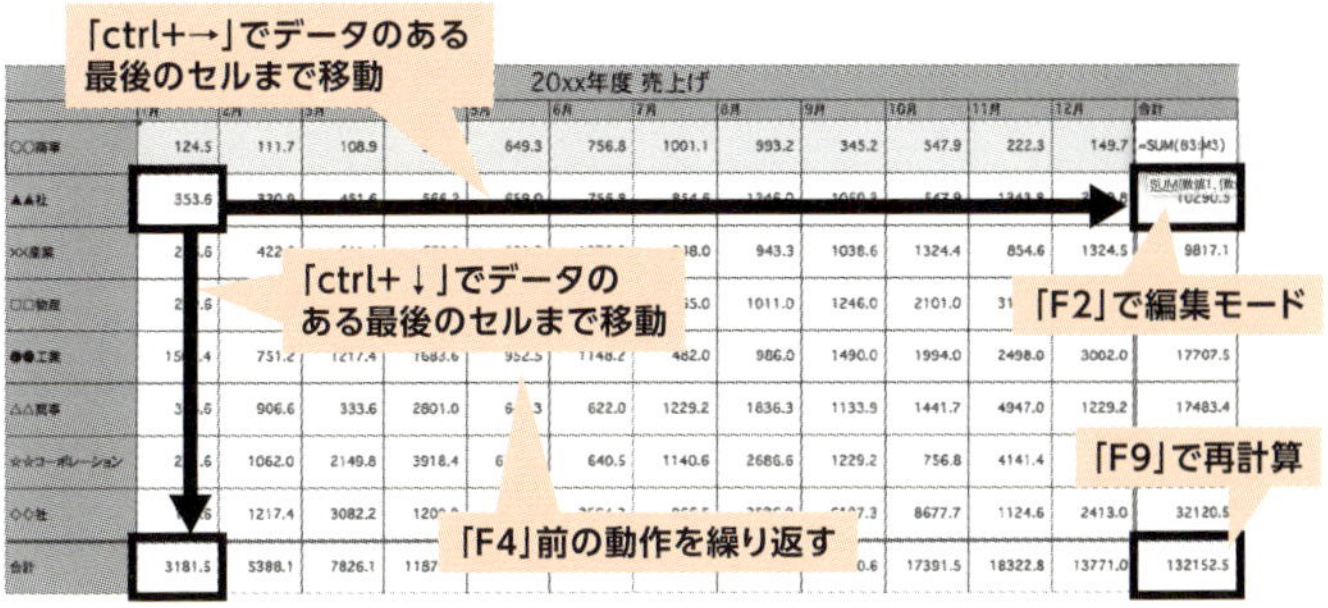
「ctrl+→」でデータのある最後のセルまで移動
20xx年度 売上げ
「ctrl+↓」でデータのある最後のセルまで移動
「F2」で編集モード
「F9」で再計算
「F4」前の動作を繰り返す

✓ 上記のショートカットを利用するだけで、仕事の効率は劇的にアップする

「F9」を押すだけで再計算してくれるので、保存前に「F9」で再計算して、ミスが漏れないようにしておきましょう。

またエクセルを文書ファイルとして使う人も多いですが、セル内の文章の改行（Alt＋Enter）や、セルの削除（Ctrl＋－）はまず押さえておきたいコマンドです。セルの移動（Tab＝右、Enter＝下、Shiftを加えて左や上へ）あたりも知っておくとラクです。

以上のショートカットを明日からのEXCEL作業で利用してみてください。作業が劇的にスピードアップすること間違いなしです。

06

小技をつかいこなして作業効率UP

意外と知られていないＥＸＣＥＬの強力時短術②

ＥＸＣＥＬにはショートカットのほかにも、作業効率を大きくアップさせるワザがあります。

これらのワザを使うと、資料を大幅に手直ししなければならない場合や、データの使い回しをする際に、効果を発揮します。

知っておくと便利なワザですので、ぜひ覚えておきましょう。

具体的には、

①表の行と列をスムーズに入れ替える。

②「ＳＨＩＦＴ」を利用して列の順序を入れ替える。

③連続データの一発入力方法。

以上、３つのワザを次頁で詳しく紹介しています。

実際に実践しながら覚えていってください。

覚えておきたいEXCEL3つの時短テクニック

①表の行と列をスムーズに入れ替える

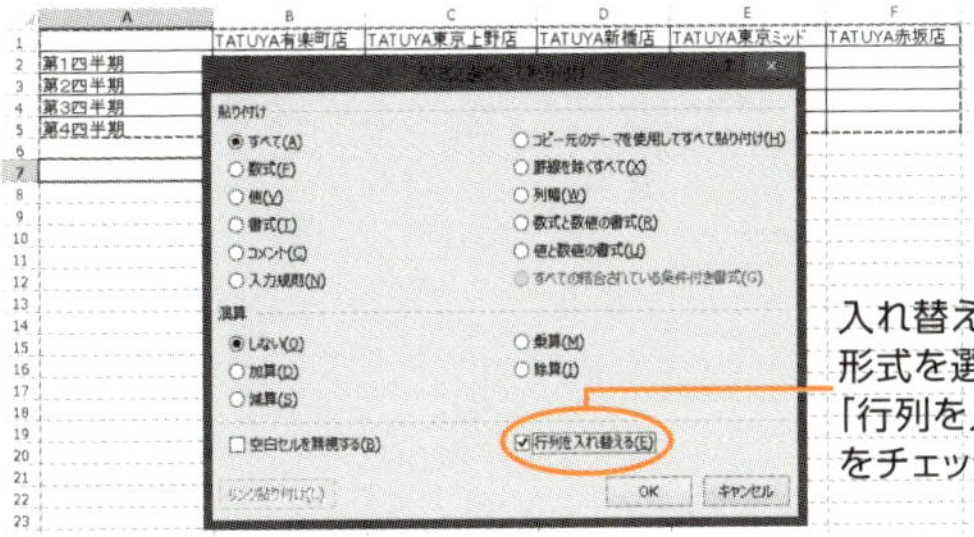

入れ替える範囲をコピーし、形式を選択して貼り付け「行列を入れ替える」ボタンをチェックして「OK」

②「shift」を利用して列の順序を入れ替える

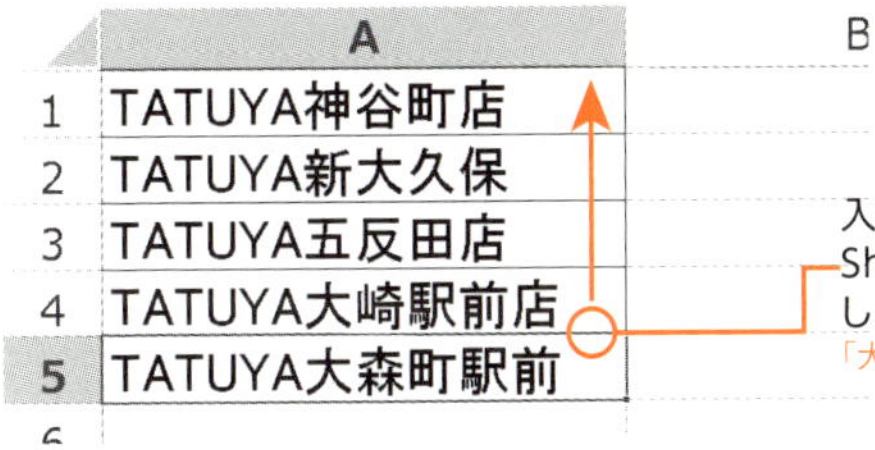

入れ替えるセルの「線上」をShiftを押しながらドラッグし、行きたいセルでドロップ

「大森町駅前」が A1 に移動

③連続データの一発入力方法

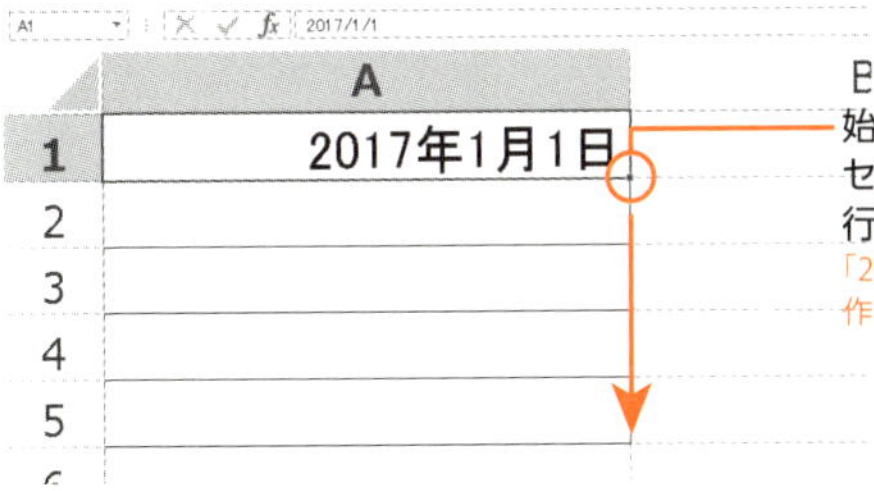

始めのデータだけ入力し、セルの「角」をドラッグして行きたいセルでドロップ

「2017 年 1 月 5 日」まで作られる

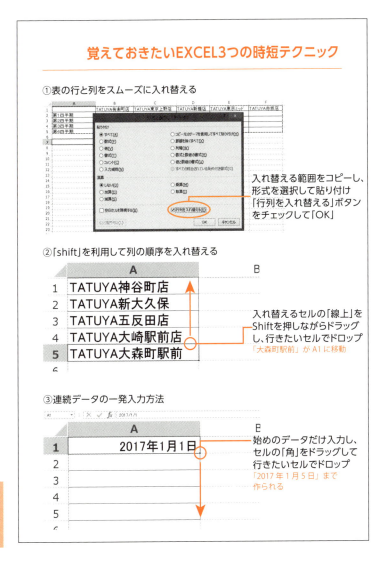

07

ややこしい関数は4つの裏技でクリア

意外と知られていないＥＸＣＥＬの強力時短術③

ＥＸＣＥＬの関数は難しそうというイメージがあるため、どうも敬遠されがちです。
もちろん、基本操作だけで十分仕事をこなすことはできるのですが、とくに表作成においては、やはり関数を知っていると、かなり作業効率をアップさせることができます。

そこで、関数に馴染みのない人は、実際に役に立つものを選んで、少しずつ慣れていくように押さえましょう。

まずは、４つばかり知っておけばいいでしょう。

たった４つです。

次ページに紹介したコマンドは、はじめて関数に触れる人でも簡単に覚えることができるうえ、便利なものです。

これらを使いこなせるようになれば、あとは自分でどんどん新しい関数を使ってみてください。作業スピードがどんどん速くなっていることを実感できると思います。

4つの関数をマスターして EXCELの作業効率をアップ

① データの個数を数える関数は4つのうちの2つ押さえればいい

[COUNTA]
文字・数字を数える

[COUNTIF]
ほしいデータを任意でチョイス

[COUNT]
数字を数える

[COUNTBLANK]
空白セルを数える

② 合計を算出する関数は2つ押さえる

[SUM]
全部の合計数

[SUMIF]
条件をつけた合計数

③ 11種類のさまざまな集計値を算出する

集計方法	集計機能	同等の関数
1 または 101	平均値を求める	AVERAGE
2 または 102	数値の個数を求める	COUNT
3 または 103	データの個数を求める	COUNTA
4 または 104	最大値を求める	MAX
5 または 105	最小値を求める	MIN
6 または 106	積を求める	PRODUCT
7 または 107	不偏標準偏差を求める	STDEV.S
8 または 108	標本標準偏差を求める	STDEV.P
9 または 109	合計値を求める	SUM
10 または 110	不偏分散を求める	VAR.S
11 または 111	標本分散を求める	VAR.P

④ データの一覧から検索し自動で取り出す

[VLOOKUP]
検索値、範囲、列番号、検索方法で自動化させる

08 ＥＸＣＥＬの計算ミスは「検算式」で完全防止

少しの「検算」が大きな損害を防ぐ

ＥＸＣＥＬを使って予算や売上げなどの金額計算をすることは頻繁にあるかとおもいます。

ビジネスにおいて、金額のミスは致命的な損失につながる可能性もあり、絶対に間違えてはならない項目の一つです。

それだけに細心の注意を払っておきたいところではありますが、ＥＸＣＥＬで計算すると間違えるわけはないと考えてしまいがちです。

ＥＸＣＥＬの計算がＰＣによるものといっても、入力するのは人間です。セルの追加や削除の繰り返し、タイピングミスで、間違った数字を入力してしまうなど、ミスの要因は意外に多く潜んでいます。

しかし、セル数が多くなれば多くなるほど、一つ一つの見直しが大変です。

そこで、「検算式」を使って、計算ミスを完全に防いでおきましょう。

検算は3つのポイントを押さえる

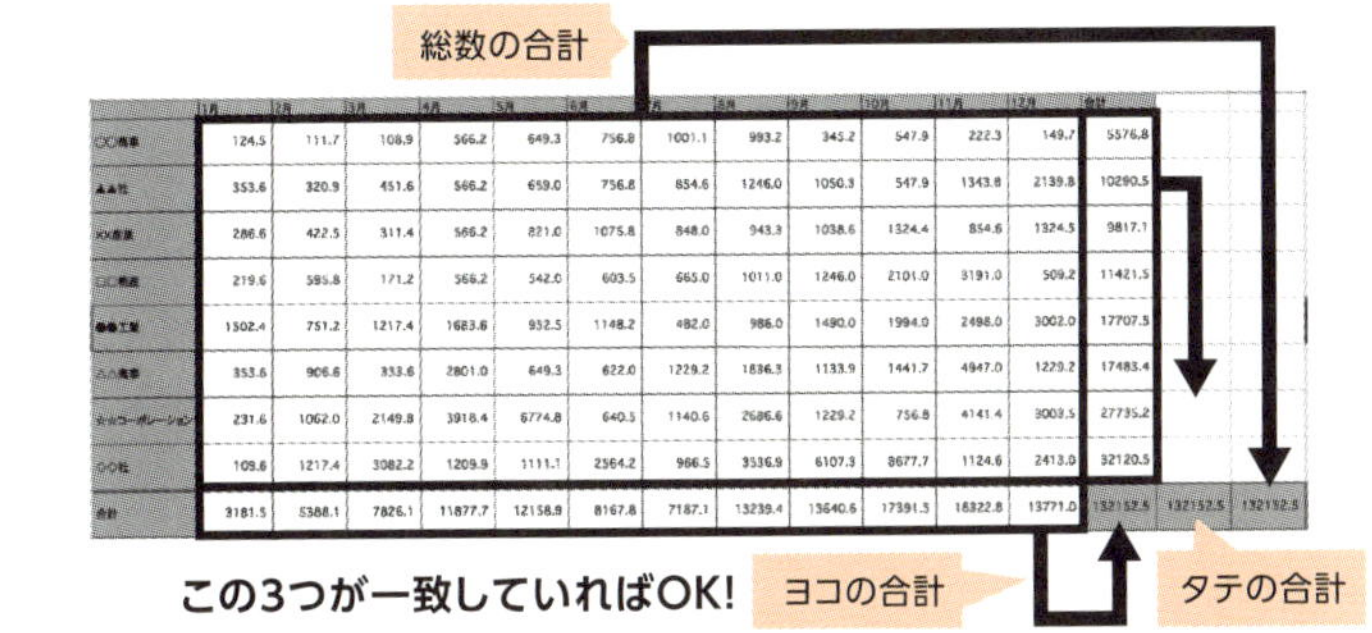

	1月	2月	3月	4月	5月	6月	7月	8月	9月	10月	11月	12月	合計		
○○商事	124.5	111.7	108.9	566.2	649.3	756.8	1001.1	993.2	345.2	547.9	222.3	149.7	5576.8		
▲▲社	353.6	320.9	451.6	566.2	659.0	756.8	854.6	1246.0	1050.3	547.9	1343.8	2139.8	10290.5		
[illegible]	286.6	422.5	311.4	566.2	821.0	1075.8	848.0	943.3	1038.6	1324.4	854.6	1324.5	9817.1		
[illegible]	219.6	595.8	171.2	566.2	542.0	603.5	665.0	1011.0	1246.0	2101.0	3191.0	509.2	11421.5		
●●工業	1502.4	751.2	1217.4	1683.6	932.5	1148.2	482.0	986.0	1490.0	1994.0	2498.0	3002.0	17707.5		
[illegible]	353.6	906.6	333.6	2801.0	649.3	622.0	1229.2	1836.3	1133.9	1441.7	4947.0	1229.2	17483.4		
[illegible]	231.6	1062.0	2149.8	3918.4	6774.8	640.5	1140.6	2686.6	1229.2	756.8	4141.4	3003.5	27735.2		
◇◇社	109.6	1217.4	3082.2	1209.9	1111.1	2564.2	966.5	3536.9	6107.3	8677.7	1124.6	2413.0	32120.5		
合計	3181.5	5388.1	7826.1	11877.7	12158.9	8167.8	7187.1	13239.4	13640.6	17391.5	18322.8	13771.0	132152.5	132152.5	132152.5

✔ データが多ければ多いほど計算ミスも起こりやすくなる。
ひと手間検算を入れることで大きなトラブルを防ぐ

●検算式を使って計算ミスの芽を摘み取る

表計算をするとき、上の図にあるような「検算式」を入れておきます。

この「検算式」でタテ、ヨコ、総計が合っていれば全体的に間違いはないということです。

一方で、どれか一つでも間違いがあれば、その表のどこかに問題があるということですので修正が必要です。

提出時に「検算式」が不要な場合は、チェックが終わってから、その部分のみ削除すれば問題ありません。

09

デジタルメモは効果的な使い方をマスターしておく

メリットとデメリットをしっかり把握

従来の手帳、メモ帳に加えて、近年普及しているのが、スマートフォンやタブレットなどのデジタルツールですが、なんとなく便利そうだという印象だけで、フルに活用できていないケースも多いのではないでしょうか。

確かに、デジタルツールには携帯性に優れているうえ、素早く入力できるというメリットがあります。

また、たとえばスマートフォンのメモをクラウドを使って、会社や自宅のPCなどの複数のデバイスに共有させておくと、いつでも確認ができ、便利です。

さらに、メモアプリは文字入力のほか、手書き入力が申し分ない造りでして、細い鉛筆線だけでなく、ペンやマーカーの太さで書き分けられます。

その上、定規や消しゴムまであるので、すでに完成されたジャンルのアプリと言っていいでしょう。なんとなく便利なのではなく、本当に便利なのです。

しかし、状況によってはアナログツールを使う方がよい場合もあるので、メリット、デメリットをしっかり把握して使うのがなお良しでしょう。

●自分のワークスタイルに合ったツール選び

デジタルツールは手帳などに比べると、欲しい情報をすぐに取り出せることができ便利ですが、バッテリーが切れると全く役に立たなくなるというデメリットもあります。
また、図形やイラストを描きにくいという点も人によってはマイナスポイントでしょう。

さらに、スケジュール管理についても、デジタルツールは利便性に優れていますが、ウィークリーの手帳を持っていれば、見開きで週間スケジュールが確認できる上、電池切れで使えないということもないので、忙しくスケジュールを頻繁に確認する人にはこちらのほうが向いている場合もあるのです。

目新しさだけでデジタルツールを選ぶのではなく、状況に応じて手帳などのアナログツールを上手く使い分けると、メモの効果がより発揮されます。

10 デジタルツールでスケジュール管理するときの注意点

情報流出にはできるだけの対策を

メモと同じく、スケジュールソフトやアプリなど、デジタルツールの普及によって、スケジュール管理がより便利になったといえます。

今まで手帳でスケジュール管理をしていて、デジタルツールへの移行を検討している人もいるかと思われますが、とりあえずで併用するのは避けましょう。

手帳からデジタルツールに転記するときなど、モレが生じる可能性がありますので、一度どちらかに決めて一元管理しましょう。

現在、Ｇｏｏｇｌｅカレンダーなどのスケジュール管理ツールが人気といわれていますが、スマホとＰＣで同時管理できたり、予定の期日にメールやチャイムなどでアラート通知してくれるなど、手帳にはない便利さがあります。

また、スケジュールを汚さずに日程や内容の修正ができるのもメリットです。

●情報管理には細心の注意が必要

スケジュールには、プライベートなことや、自社についてのみならず、取引先など他社についての重要な情報を記入されているケースがほとんどです。

デジタルツールにはその情報がウイルスやハッキングなどで外部に流出してしまうリスクがあります。

個人で管理していたスケジュールが外部にもれ、会社規模の問題になるケースも世の中にはたびたび起こっていることです。

したがって、外部攻撃に加えて、紛失などデジタルツールの取り扱いには油断せずに、細心の注意を払ってください。

デバイスへのログインをパスワード化したり、セキュリティソフトを導入したりすることで、リスクはグッと抑えることができます。

ウイルス感染やデバイスの紛失を他人事と思わず、会社の責任を背負っているという意識をもって、情報管理に努めましょう。

11 スピーディーで丁寧なメールの対応

メールの対応ひとつで相手に好印象を与える

メールの重要なポイントは相手に安心感を与えるということです。

そのために、次の紹介する4つのポイントを意識したメール対応をこころがけてください。

●信頼を得るためのメール作成術

①受信確認メールを送る。

相手からのメールに対して、「ちゃんと受け取りましたよ」というメールを返すだけでも、不安を取り除くことができるうえ、誠実な印象を与えることができます。

②答えられることから答えていく。

相手からの質問がいくつか会った場合、すべて答えがそろってから返信するのではなく、答えられるものから順次答えていくようにしましょう。メールが分かれても問題ありませ

信頼されるメールの対応4つのポイント

1 受信確認メールを送る
▶ メールを読んでいるのか相手先に心配させないためのマナー

2 答えられることから答えていく
▶ 質問事項が複数ある場合は、全部分かるまで放置していては相手が困る

3 質問に的確に答える
▶ 質問の意図をしっかりとくみ取り、相手を安心させる

4 事実をしっかり伝える
▶ 主観的な感想や不確定な情報ではなく、事実のみをもれなく伝える

✓ レスポンスが速い人はそれだけで信頼される。
メールはできるだけすぐ返すのが得策

ん。

③質問に対して的確な返事をする。

相手の知りたいことをしっかり読み取って答えるようにしましょう。的外れな返事は「仕事ができない人」と思われてしまいます。

④事実をしっかり伝える。

感想や、推測など、あいまいなことは伝えず、事実のみを伝えましょう。

以上の4点を押さえておけば、取引先の心情を害することはありません。

メール一つも信頼関係につながる大事な要素ですので、日頃から意識するようにしましょう。

柳沢義春（やなぎさわ・よしはる）
シナジー・Bシステムズ代表。㈱ペロンパワークス・プロダクション代表取締役。
人材コンサルと企画育成をメインに活動。とくに20～30代のビジネスマンに向けた、よくある職場の悩みや疑問を、できるだけ近い目線で解決することをモットーとしている。
主な著書に、『頭のいい人がしているリーダーシップの教科書』がある。

mail; yanagib1@gmail.com

頭《あたま》のいい人《ひと》の段取《だんど》り

2017年3月1日　　初版発行

著　者　　柳　沢　義　春
発行者　　常　塚　嘉　明
発行所　　株式会社　ぱる出版

〒160-0011　東京都新宿区若葉1-9-16
03(3353)2835－代表　03(3353)2826－FAX
03(3353)3679－編集
振替　東京　00100-3-131586
印刷・製本　㈱ワコープラネット

ISBN978-4-8272-1046-0　C0034